Benedikt XVI.

WORTE ZUM LEBEN

BENEDIKT XVI.

WORTE ZUM LEBEN

Herausgegeben von
Stefan v. Kempis
Burkhard Menke
Gudrun Sailer

HERDER

FREIBURG · BASEL · WIEN

Dieses Buch ist herausgegeben von der Redaktion der Zeitschrift »GEMEINSAM GLAUBEN. Mit Papst Benedikt den Glauben leben und verstehen«.
www.gemeinsam-glauben.de

Umschlagmotiv: © ROPI
Umschlaggestaltung: Verlag Herder
Satz: Barbara Herrmann, Freiburg
Herstellung: fgb · freiburger graphische betriebe
www.fgb.de
Gedruckt auf umweltfreundlichem,
chlorfrei gebleichtem Papier
Printed in Germany

ISBN 978-3-451-33781-9

Inhalt

Zu diesem Buch

Liebe Leserin, lieber Leser!

»Wer glaubt, ist nie allein«, hat Papst Benedikt einmal gesagt. Unverbrüchliche Hoffnung drückt sich darin aus, aber auch handfeste Erfahrung, theologische Reflexion und lebendige Spiritualität, das Leben des Einzelnen ebenso wie die tragende Kraft der Gemeinschaft; es lässt Raum für das Suchen und gibt Orientierung für ein Finden.

Immer wieder klingen Sätze des Papstes einem noch lange im Ohr nach. Sätze, die Wesentliches auf den Punkt bringen. Die zeigen, dass gedankliche Tiefe und Leichtigkeit des Herzens bestens zusammengehen. Die einem helfen, auf Christus zu schauen, die Schöpfung zu lieben, am Leben der weltweiten Kirche Anteil zu nehmen. Die dazu anregen, sowohl den eigenen Glauben als auch den Glauben anderer ernst genug zu nehmen, um sich mit ihm auseinanderzusetzen, ihn tiefer zu verstehen zu suchen, nach Konsequenzen für das Leben zu fragen.

Hier sind, ähnlich wie in der Zeitschrift GEMEINSAM GLAUBEN, kurze Impulse und Inspirationen des Papstes aus seinen Reden und Schriften zusammengestellt, Worte, aus denen ein Funke schlägt, die eine Erfahrung verdichten, die aufrütteln, die das Herz berühren – Worte zum Leben.

Natürlich kann niemand eine sprudelnde Quelle vollständig in kleinen Behältern auffangen. Aber die kleinen Behälter sind es, mit denen man etwas von dieser Quelle in den Alltag mitnehmen kann. Wir wünschen Ihnen viel Freude damit!

Stefan v. Kempis
Burkhard Menke
Gudrun Sailer

Gott

Die große Frage des Menschen

Wer bin ich? Was ist der Mensch? ... Diese Frage kann ... nicht von der Gottesfrage getrennt werden: Existiert Gott? Und wer ist Gott? Wie ist sein wahres Gesicht? Die Antwort der Bibel auf diese beiden Fragen ist einheitlich und folgerichtig: Der Mensch ist nach dem Bild Gottes geschaffen, und Gott selbst ist Liebe. Daher ist die Berufung zur Liebe das, was den Menschen zum echten Ebenbild Gottes macht: Er wird in dem Maße Gott ähnlich, in dem er ein Liebender wird.

Vortrag im Lateran, 6. 6. 2005

Ja, ich glaube daran, dass die Welt und mein Leben nicht aus dem Zufall stammen, sondern aus der ewigen Vernunft und der ewigen Liebe, von Gott dem Allmächtigen geschaffen. Ja, ich glaube daran, dass in Jesus Christus, in seiner Menschwerdung, seinem Kreuz und seiner Auferstehung sich das Gesicht Gottes gezeigt hat; dass in ihm Gott da ist, mitten unter uns, und uns zueinander, an unser Ziel, zur ewigen Liebe führt. Ja, ich glaube daran, dass der Heilige Geist uns das Wort der Wahrheit schenkt und unser Herz erleuchtet; dass in der Gemeinschaft der Kirche wir alle mit dem Herrn ein Leib werden und so auf die Auferstehung und das ewige Leben zugehen.

Predigt in der Osternacht, 22. 3. 2008

Die Frage Gottes ist keine Gefahr für die Gesellschaft, sie bringt nicht das menschliche Leben in Gefahr! Die Frage Gottes darf nicht bei den großen Fragen unserer Zeit fehlen … Die Suche nach der Wahrheit ist nicht einfach. Ein jeder ist aufgerufen, sich mutig für die Wahrheit zu entscheiden, denn es gibt keine Abkürzungen zur Glückseligkeit und zur Schönheit eines erfüllten Lebens. Jesus sagt es im Evangelium: »Die Wahrheit wird euch befreien« (Joh 8,32) … Jener Gott, den die Gläubigen kennenlernen, lädt euch ein, ihn zu entdecken und immer mehr in ihm zu leben. Habt keine Angst! Auf dem Weg in eine neue Welt, den ihr zusammen geht, seid ihr Suchende des Absoluten und Suchende nach Gott – auch ihr, für die Gott ein unbekannter Gott ist.

Videobotschaft an den »Vorhof der Völker« in Paris, 25. 3. 2011

Dies Eine, um das es in den vielen Wünschen und Hoffnungen des Menschen geht, ist auch ausgedrückt in der zweiten Vaterunser-Bitte: Dein Reich komme. Das »Reich Gottes« ist das Leben in Fülle – gerade weil es nicht nur privates »Glück«, individuelle Freude ist, sondern die zu ihrer rechten Gestalt gekommene Welt, die Einheit von Gott und Welt. Der Mensch braucht letztlich nur eines, in dem alles enthalten ist; aber er muss durch seine vordergründigen Wünsche und Sehnsüchte hindurch erst erkennen lernen, was er wirklich braucht und was er wirklich will. Er braucht Gott. Und so können wir nun sehen, dass hinter all den Bildreden (Jesu im Evangelium, Anm. d. Hg.) letztlich dies steht: Jesus gibt uns das »Leben«, weil er uns Gott gibt. Er kann ihn geben, weil er selbst eins ist mit Gott. Weil er der Sohn ist. Er selbst ist die Gabe – er ist »das Leben«.

»Jesus von Nazareth«, Bd. I, S. 405 f.

Aus eigener Kraft kann der Mensch ... die Geschichte nicht bewältigen. Dass der Mensch gefährdet ist und sich und die Welt gefährdet, wird heute gleichsam auch durch wissenschaftliche Belege sichtbar. Er kann nur gerettet werden, wenn in seinem Herzen die moralischen Kräfte wachsen; Kräfte, die nur aus der Begegnung mit Gott kommen können; Kräfte, die Widerstand leisten. Insofern brauchen wir Ihn, den Anderen, der uns hilft, das zu sein, was wir selbst nicht vermögen; und brauchen wir Christus, der uns zu einer Gemeinschaft versammelt, die wir Kirche nennen ... (Jesus) ist in der Tat gekommen, damit wir die Wahrheit kennenlernen. Damit wir Gott berühren können. Damit uns die Tür offen steht. Damit wir das Leben finden, das wirkliche Leben, das nicht mehr dem Tod unterworfen ist.

»Licht der Welt«, S. 214

Die Menschen werden immer, auch in der Periode der technischen Beherrschung der Welt und der Globalisierung, Gott benötigen – den Gott, der sich uns gezeigt hat in Jesus Christus und der uns versammelt in der weltweiten Kirche, um mit ihm und durch ihn das rechte Leben zu erlernen und die Maßstäbe der wahren Menschlichkeit gegenwärtig und wirksam zu halten. Wo der Mensch Gott nicht mehr wahrnimmt, wird das Leben leer. Alles ist zu wenig. Er sucht dann seine Zuflucht im Rausch oder in der Gewalt, von der gerade die Jugend heute zunehmend bedroht wird. Gott lebt. Er hat jeden von uns geschaffen und kennt daher jeden. Er ist so groß, dass er Zeit hat für unsere Kleinigkeiten: »Alle Haare eures Hauptes sind gezählt.« Gott lebt, und er braucht Menschen, die für ihn da sind und die ihn zu den anderen Menschen bringen.

Schreiben an Seminaristen, 8. 10. 2010

Gott ist so groß, dass er klein werden kann. Gott ist so mächtig, dass er sich wehrlos machen kann und als wehrloses Kindlein auf uns zugeht, damit wir ihn lieben können. Gott ist so gut, dass er auf seinen göttlichen Glanz verzichtet und in den Stall herabsteigt, damit wir ihn finden können und so seine Güte auch uns berührt, uns ansteckt, durch uns weiterwirkt. Das ist Weihnachten: »Mein Sohn bist du; heute habe ich dich gezeugt.« Gott ist einer von uns geworden, damit wir mit ihm sein, ihm ähnlich werden können. Er hat das Kind in der Krippe zu seinem Zeichen gewählt: So ist er. So lernen wir ihn kennen. Und über jedem Kind steht etwas vom Strahl dieses Heute, von der göttlichen Nähe, die wir lieben und der wir uns beugen sollen – über jedem Kind, auch über dem ungeborenen.

Predigt, 24. 12. 2005

Wo war Gott in jenen Tagen? Warum hat er geschwiegen? Wie konnte er dieses Übermaß von Zerstörung, diesen Triumph des Bösen dulden? … Wir können in Gottes Geheimnis nicht hineinblicken – wir sehen nur Fragmente und vergreifen uns, wenn wir uns zum Richter über Gott und die Geschichte machen wollen. Dann würden wir nicht den Menschen verteidigen, sondern zu seiner Zerstörung beitragen. Nein – im Letzten müssen wir bei dem demütigen, aber eindringlichen Schrei zu Gott bleiben: Wach auf! Vergiss dein Geschöpf Mensch nicht! Und unser Schrei an Gott muss zugleich ein Schrei in unser eigenes Herz hinein sein, dass in uns die verborgene Gegenwart Gottes aufwache – dass seine Macht, die er in unseren Herzen hinterlegt hat, nicht in uns vom Schlamm der Eigensucht, der Menschenfurcht und der Gleichgültigkeit, des Opportunismus verdeckt und niedergehalten werde …

Im früheren KZ Auschwitz, 28. 5. 2006

Der Karsamstag ist der Tag der Verborgenheit Gottes … Die Verborgenheit Gottes ist Teil der Spiritualität des zeitgenössischen Menschen: in einer existentiellen, fast unbewussten Weise, wie eine Leere im Herzen, die immer größer geworden ist. Am Ende des 19. Jahrhunderts schrieb Nietzsche: »Gott ist tot! Und wir haben ihn getötet!« Dieser berühmte Ausspruch ist bei genauem Hinsehen fast wörtlich der christlichen Überlieferung entnommen, oft wiederholen wir diese Worte beim Kreuzweg, vielleicht ohne uns ganz dessen bewusst zu sein, was wir da sagen. Nach den beiden Weltkriegen, nach den Konzentrationslagern und dem Gulag, nach Hiroshima und Nagasaki, ist unsere Epoche immer mehr zu einem Karsamstag geworden: Die Dunkelheit dieses Tages fordert die heraus, die nach dem Leben fragen, und besonders fordert sie uns Gläubige heraus.

Meditation vor dem Turiner Grabtuch, 2. 5. 2010

(Gott befähigt) einen jeden von uns, das göttliche Wort zu hören und darauf zu antworten. Der Mensch wurde im Wort erschaffen und lebt in ihm; er kann sich selbst nicht verstehen, wenn er sich diesem Dialog nicht öffnet ... In diesem Dialog mit Gott verstehen wir uns selbst und finden eine Antwort auf die tiefsten Fragen, die wir in unserem Herzen tragen. Das Wort Gottes stellt sich nämlich nicht gegen den Menschen, es unterdrückt nicht seine echten Wünsche, sondern erleuchtet sie sogar, indem es sie reinigt und zur Vollendung führt. Wie wichtig ist es doch für unsere Zeit zu entdecken, dass nur Gott auf das Verlangen antwortet, das im Herzen eines jeden Menschen wohnt!

Nachsynodales Schreiben »Verbum Domini«, 30. 9.2010

Jesus

Begegnung mit einem Lebendigen

Der Christ glaubt nicht vielerlei. Er glaubt letztlich ganz einfach an Gott, daran, dass es nur einen einzigen wirklichen Gott gibt. Dieser Gott aber wird ihm zugänglich in seinem Gesandten, Jesus Christus: In der Begegnung mit ihm geschieht jene Erkenntnis Gottes, die zu Gemeinschaft und damit zu »Leben« wird … Gott zeigt sein Angesicht im Gesandten – endgültig in seinem Sohn. »Ewiges Leben« ist also ein Beziehungsereignis. Der Mensch hat es nicht aus sich selbst, für sich allein genommen. Durch die Beziehung zu dem, der selbst das Leben ist, wird auch er ein Lebender.

»Jesus von Nazareth«, Bd. II, S. 102

Der Glaube ist ein sehr persönlicher menschlicher Akt, der in zwei Dimensionen verwirklicht wird. Glauben heißt zuallererst, als Wahrheit anzunehmen, was unser Verstand nicht bis ins Letzte erfasst. Man muss das annehmen, was Gott uns offenbart, über sich selbst, über uns und über die Wirklichkeit, die uns umgibt, auch die unsichtbare, unaussprechliche, unvorstellbare Wirklichkeit. Dieser Akt der Annahme der offenbarten Wirklichkeit erweitert den Horizont unseres Wissens und erlaubt uns, zu dem Geheimnis zu gelangen, in das unser Dasein eingetaucht ist. Man gibt nicht leicht seine Zustimmung zu einer solchen Begrenzung der Vernunft. Und eben hier zeigt sich der Glaube in seiner zweiten Dimension: derjenigen, sich einer Person anzuvertrauen – nicht einer gewöhnlichen Person, sondern Christus. *Woran* wir glauben, ist wichtig, aber noch wichtiger ist, *wem* wir glauben.

Predigt in Krakau, 28. 5. 2006

Das Glück, das ihr sucht, das Glück,
auf das ihr ein Anrecht habt, hat einen
Namen, ein Gesicht: Es ist Jesus von Nazareth, verborgen in der Eucharistie. Er allein
schenkt der Menschheit Leben in Fülle! …
Ich wiederhole euch heute, was ich zu
Beginn meines Pontifikats gesagt habe:
»Wer Christus (in sein Leben) eintreten
lässt, verliert nichts, gar nichts – absolut
nichts von dem, was das Leben frei, schön
und groß macht. Nein, nur in dieser
Freundschaft öffnen sich die Türen des
Lebens weit … Nur in dieser Freundschaft
erfahren wir, was schön ist und was frei
macht.« Seid völlig überzeugt davon:
Christus nimmt nichts weg von dem, was
ihr an Schönem und Großem in euch habt,
sondern zur Ehre Gottes, zum Glück der
Menschen und zum Heil der Welt führt er
alles zur Vollendung.

Beim Weltjugendtag in Köln, 18. 8. 2005

In Jesus Christus ist Gott Mensch geworden und hat uns sozusagen gestattet, einen Blick in das Innere Gottes zu werfen. Und dort sehen wir etwas völlig Unerwartetes: In Gott gibt es ein Ich und ein Du. Der geheimnisvolle Gott ist keine unendliche Einsamkeit; er ist ein Ereignis der Liebe. Wenn wir beim Anblick der Schöpfung glauben, den Schöpfergeist, Gott selbst, erahnen zu können, beinahe als schöpferische Mathematik, als Macht, die die Gesetze der Welt und ihre Ordnung formt und dann wiederum auch als Schönheit – dann erfahren wir jetzt: Der Schöpfergeist hat ein Herz. Er ist die Liebe. Es gibt den Sohn, der mit dem Vater spricht. Und beide sind eins im Geist, der sozusagen die Atmosphäre des Schenkens und des Liebens ist, das aus ihnen einen einzigen Gott macht.

Pfingstpredigt, 3. 6. 2006

(Mir ist wichtig,) dass in diesem Menschen Jesus – er ist ja ein wirklicher Mensch – mehr als ein Mensch da ist. Und dass nicht erst im Laufe von weitergehenden Mythisierungen sozusagen das Gottheitliche hinzugefügt worden ist. Nein, schon am Ursprung der Gestalt, in der ersten Überlieferung und Begegnung, erscheint etwas, was alle Erwartungen durchbricht ... (Mir ist wichtig,) zu zeigen, dass der geglaubte Jesus wirklich auch der historische Jesus ist und die Figur, wie sie die Evangelien zeigen, viel realistischer und glaubhafter ist als die vielen anderen Jesusgestalten, die uns immer wieder vorgeführt werden ... Realistisch, historisch ist nur der Christus, den die Evangelien glauben; nicht der, den man in den vielen Untersuchungen neu herausdestilliert hat.

»Licht der Welt«, S. 199 und 202

Aber was hat Jesus dann eigentlich gebracht, wenn er nicht den Weltfrieden, nicht den Wohlstand für alle, nicht die bessere Welt gebracht hat? Was hat er gebracht? Die Antwort lautet ganz einfach: Gott. Er hat Gott gebracht. Er hat den Gott, dessen Antlitz zuvor sich von Abraham über Mose und die Propheten bis zur Weisheitsliteratur langsam enthüllt hatte – den Gott, der nur in Israel sein Gesicht gezeigt hatte und der unter vielfältigen Verschattungen freilich in der Völkerwelt geehrt worden war –, diesen Gott, den Gott Abrahams, Isaaks und Jakobs, den wahren Gott, hat er zu den Völkern der Erde gebracht. Er hat Gott gebracht: Nun kennen wir sein Antlitz, nun können wir ihn anrufen. Nun kennen wir den Weg, den wir als Menschen in dieser Welt zu nehmen haben. Jesus hat Gott gebracht und damit die Wahrheit über unser Wohin und Woher; den Glauben, die Hoffnung und die Liebe.

»Jesus von Nazareth«, Bd. I, S. 73 f.

Jesus spricht von einem »neuen Gebot«. Worin aber besteht dessen Neuheit? Bereits im Alten Testament hatte Gott das Gebot der Liebe gegeben; nun aber wird dieses Gebot von neuem gegeben, wobei Jesus etwas sehr Wichtiges hinzufügt: »Wie ich euch geliebt habe, so sollt auch ihr einander lieben.« Das Neue besteht gerade in diesem »Lieben, wie Jesus geliebt hat«. All unserem Lieben geht seine Liebe voraus und es bezieht sich auf diese Liebe, es fügt sich in diese Liebe ein, es wird gerade durch diese Liebe wirklich. Das Alte Testament gab uns kein Vorbild der Liebe, sondern es formulierte nur das Gebot zu lieben. Jesus hingegen hat sich selbst als Vorbild und Quell der Liebe gegeben. Es handelt sich um eine grenzenlose, universale Liebe, die auch alle negativen Umstände und alle Hindernisse in Gelegenheiten zu verwandeln vermag, um in der Liebe fortzuschreiten.

Predigt in Turin, 2. 5. 2010

24

Sterben ist ein Weggehen … Aber bei Jesus gibt es etwas einzigartig Neues, das die Welt verändert. Das Weggehen in unserem Tod ist definitiv, es gibt keine Rückkehr. Jesus aber sagt über seinen Tod: »Ich gehe und ich komme zu euch« (Joh 14,28). Gerade indem er geht, kommt er. Sein Gehen eröffnet eine ganz neue und größere Weise seiner Anwesenheit. Er geht mit seinem Sterben hinein in die Liebe des Vaters. Sein Sterben ist ein Akt der Liebe. Die Liebe aber ist unsterblich. Deshalb verwandelt sich sein Weggehen in ein neues Kommen, in eine tiefer reichende und nicht mehr endende Form von Gegenwart … Er kann nicht nur äußerlich Türen durchschreiten, die verschlossen sind, wie uns die Evangelien erzählen (vgl. Joh 20,19). Er kann die innere Tür von ich und du durchschreiten, die verschlossene Tür zwischen gestern und heute, zwischen damals und morgen.

Predigt in der Osternacht, 22. 3. 2008

(In der) »Zeit jenseits aller Zeit« ist
Jesus Christus »in das Reich des Todes
hinabgestiegen«. Was bedeutet dieser Ausdruck? Er besagt, dass der menschgewor-
dene Gott so weit gegangen ist, in die
extreme und absolute Einsamkeit des Menschen einzutreten, wohin kein Strahl der
Liebe dringt, wo völlige Verlassenheit
herrscht, ohne auch nur ein Wort des
Trostes: »das Reich des Todes«. Jesus
Christus hat durch sein Im-Tod-Bleiben
das Tor dieser letzten Einsamkeit durch-
schritten, um auch uns dazu zu führen, es
gemeinsam mit ihm zu durchschreiten …
Im Reich des Todes ist die Stimme Gottes
erklungen. Das Undenkbare ist geschehen:
Die Liebe ist vorgedrungen in das »Reich
des Todes«. Auch in der extremsten Dunkelheit der absoluten menschlichen Einsamkeit können wir eine Stimme hören,
die uns ruft, und eine Hand finden, die uns
ergreift und uns nach draußen führt.

Meditation vor dem Turiner Grabtuch, 2. 5. 2010

Können wir ... um das Kommen Jesu beten? Können wir aufrichtig sagen: »*Marana tha!* Komm, Herr Jesus!«? Ja, wir können es. Nicht nur das: Wir müssen es! ... Wir bitten ihn in Augenblicken persönlicher Bedrängnis: Komm, Herr Jesus, und nimm mein Leben hinein in die Gegenwart deiner gütigen Macht. Wir bitten ihn, dass er Menschen, die wir lieben oder um die wir Sorge tragen, nahe werde. Wir bitten ihn, dass er in seiner Kirche wirksam gegenwärtig werde. Warum sollten wir ihn nicht bitten, dass er uns auch heute wieder neue Zeugen seiner Gegenwart schenke, in denen er selber kommt? Und diese Bitte, die nicht unmittelbar auf das Weltende zielt, aber doch wahre Bitte um sein Kommen ist, trägt in sich die ganze Weite der Bitte, die er selbst uns gelehrt hat: »Dein Reich komme!« Komm, Herr Jesus!

»*Jesus von Nazareth*«, Bd. II, S. 317

Glaube

Was uns trägt und hält

Das Reich Gottes ist keine ferne Utopie einer besseren Welt, die vielleicht in 50 Jahren oder wer weiß wann Wirklichkeit sein wird. Das Reich Gottes ist Gott selbst – Gott, der zu uns gekommen und der uns in Christus sehr nahe ist. Das ist das Reich Gottes: Gott selbst ist nahe, und wir müssen uns diesem Gott nähern, der nahe ist, weil er Mensch geworden ist, Mensch bleibt und stets bei uns ist in seinem Wort, in der heiligen Eucharistie und in allen Gläubigen.

An Kleriker in Auronzo di Cadore, 24. 7. 2007

Der Mensch, der sich vollkommen in die Hände Gottes begibt, wird keine Marionette Gottes, keine langweilige, angepasste Person, und verliert seine Freiheit nicht. Nur der Mensch, der sich ganz Gott anvertraut, findet die wahre Freiheit, die große und schöpferische Weite der Freiheit des Guten. Der Mensch, der sich Gott zuwendet, wird nicht kleiner, sondern größer, denn durch Gott und zusammen mit Ihm wird er groß, wird er göttlich, wird er wirklich er selbst. Der Mensch, der sich in die Hände Gottes übergibt, entfernt sich nicht von den anderen, indem er sich in sein privates Heil zurückzieht; im Gegenteil, nur dann erwacht sein Herz wirklich, und er wird zu einer einfühlsamen und daher wohlwollenden und offenen Person.

Predigt im Petersdom, 8. 12. 2005

Ich möchte … zeigen, dass es schön ist, ein Christ zu sein, denn es besteht ja weiterhin die Idee, Christentum sei eine Menge von Geboten und Verboten, Lehrsätzen, die man einhalten muss, und dergleichen, und insofern etwas Mühseliges und Belastendes. Man sei freier, wenn man diese Last nicht habe. Ich möchte demgegenüber deutlich machen: Sozusagen von einer großen Liebe und Erkenntnis getragen zu sein ist nicht etwa ein Gepäck, sondern sind Flügel, und es ist schön, ein Christ zu sein, mit dieser Erfahrung, dass uns das Weite gibt, dass wir als Christen eben nie allein sind – in dem Sinn, dass immer Gott bei uns ist, aber auch, dass wir immer miteinander in einer großen Gemeinschaft stehen, Weggemeinschaft sind, ein Projekt der Zukunft haben und damit eben wirklich ein Dasein, das sich lohnt – die Freude am Christsein, dass es schön und auch richtig ist, zu glauben.

Interview mit Radio Vatikan, 12. 8. 2005

Wenn ein Mensch eine große Liebe in sich trägt, dann verleiht diese Liebe ihm gleichsam Flügel, und er erträgt alle Beschwernisse des Lebens leichter, weil er dieses große Licht in sich trägt. Das ist der Glaube: von Gott geliebt zu sein und sich von Gott in Jesus Christus lieben zu lassen. Dieses Sich-lieben-Lassen ist das Licht, das uns hilft, die tägliche Mühsal zu tragen. Und die Heiligkeit ist nicht unser Werk, ein sehr schwieriges Werk, sondern sie ist genau diese »Öffnung«: die Fenster unserer Seele zu öffnen, damit das Licht Gottes eintreten kann, Gott nicht zu vergessen, denn gerade in der Öffnung gegenüber seinem Licht findet man Kraft, findet man die Freude der Erlösten.

Generalaudienz, 16. 2. 2011

Nicht die Elemente des Kosmos, die Gesetze der Materie, herrschen letztlich über die Welt und über den Menschen, sondern ein persönlicher Gott herrscht über die Sterne, das heißt über das All; nicht die Gesetze der Materie und der Evolution sind die letzte Instanz, sondern Verstand, Wille, Liebe – eine Person. Und wenn wir diese Person kennen, sie uns kennt, dann ist wirklich die unerbittliche Macht der materiellen Ordnungen nicht mehr das Letzte; dann sind wir nicht Sklaven des Alls und seiner Gesetze, dann sind wir frei. Ein solches Bewusstsein hat die suchenden und lauteren Geister der Antike bestimmt. Der Himmel ist nicht leer. Das Leben ist nicht bloßes Produkt der Gesetze und des Zufalls der Materie, sondern in allem und zugleich über allem steht ein persönlicher Wille, steht Geist, der sich in Jesus als Liebe gezeigt hat.

Enzyklika »Spe salvi«, Nr. 5

Der Glaube versichert uns, dass Gott unser Gebet hört und zur rechten Zeit erfüllt, auch wenn die tägliche Erfahrung diese Gewissheit zu verneinen scheint. In der Tat, angesichts mancher schlechter Nachrichten oder zahlreicher täglicher Beschwerlichkeiten des Lebens, die in den Zeitungen nicht einmal am Rande Erwähnung finden, kommt einem unwillkürlich die Bitte des alten Propheten in den Sinn: »Wie lange, Herr, soll ich noch rufen, und du hörst nicht? Ich schreie zu dir: Hilfe, Gewalt! Aber du hilfst nicht« (Habakuk 1,2). Auf diesen flehentlichen Ruf gibt es nur eine Antwort: Gott kann ohne unsere Umkehr die Dinge nicht verändern, und unsere wahre Umkehr beginnt mit dem »Schrei« der Seele, die Vergebung und Heil erfleht. Das christliche Gebet ist daher … die Kraft der Hoffnung, höchster Ausdruck des Glaubens an die Macht Gottes, der Liebe ist und uns nicht verlässt.

Predigt in Neapel, 21. 10. 2007

Wenn wir die Schönheit sehen, die der Glaube geschaffen hat, (ist) sie einfach – ich würde sagen – ein lebendiger Beweis des Glaubens ... All die großen Kunstwerke, die Kathedralen – die gotischen Kathedralen wie die herrlichen barocken Kirchen – sie alle sind Leuchtzeichen Gottes und insofern wirklich Erscheinung, Epiphanie Gottes ... Die christliche Kunst ist rationale Kunst – man denke an die Kunst der Gotik oder an die große Musik oder eben auch an unsere Barock-Kunst –, aber sie ist künstlerischer Ausdruck einer weit gewordenen Ratio, in der Vernunft und Herz sich miteinander berühren. Und darum geht es. Das, denke ich, ist irgendwie der Wahrheitsbeweis des Christentums: dass Vernunft und Herz zueinanderfinden, dass Schönheit und Wahrheit einander berühren.

Begegnung mit Priestern aus Südtirol, 6. 8. 2008

Nicht Rücknahme, nicht negative Kritik ist gemeint, sondern um Ausweitung unseres Vernunftbegriffs und -gebrauchs geht es. Denn bei aller Freude über die neuen Möglichkeiten des Menschen sehen wir auch die Bedrohungen, die aus diesen Möglichkeiten aufsteigen, und müssen uns fragen, wie wir ihrer Herr werden können. Wir können es nur, wenn Vernunft und Glaube auf neue Weise zueinanderfinden; wenn wir die selbstverfügte Beschränkung der Vernunft auf das im Experiment Falsifizierbare überwinden und der Vernunft ihre ganze Weite wieder eröffnen … (Von) den tief religiösen Kulturen der Welt wird gerade dieser Ausschluss des Göttlichen aus der Universalität der Vernunft als Verstoß gegen ihre innersten Überzeugungen angesehen. Eine Vernunft, die dem Göttlichen gegenüber taub ist und Religion in den Bereich der Subkulturen abdrängt, ist unfähig zum Dialog der Kulturen.

Vorlesung an der Universität Regensburg, 12. 9. 2006

Glaube – Was uns trägt und hält

Das Wort Nachfolge Christi ist eine Beschreibung des Ganzen der christlichen Existenz überhaupt … Es geht um eine innere Verwandlung der Existenz. Es geht darum, dass ich nicht mehr in mein Ich eingeschlossen bin und meine Selbstverwirklichung als meinen hauptsächlichen Lebensinhalt annehme. Es geht darum, dass ich mich frei gebe an einen anderen hin – für die Wahrheit, für die Liebe, für Gott, der mir in Jesus Christus vorausgeht und den Weg zeigt. Es geht um die Grundentscheidung, nicht Nutzen und Erwerb, Karriere und Erfolg als letztes Ziel meines Lebens anzusehen, sondern Wahrheit und Liebe als die eigentlichen Maßstäbe anzuerkennen … Und bedenken wir dabei, dass Wahrheit und Liebe nicht abstrakte Größen sind, sondern in Jesus Christus sind sie Person. Wenn ich ihm folge, dann trete ich in den Dienst der Wahrheit und der Liebe. Mich verlierend finde ich mich.

Predigt am Palmsonntag, 1. 4. 2007

Normalerweise sind es die kreativen Minderheiten, die entscheidend sind für die Zukunft, und in diesem Sinn muss sich die katholische Kirche als kreative Minderheit verstehen, die ein Erbe an Werten besitzt, die nicht überholt, sondern eine sehr lebendige und aktuelle Wirklichkeit sind. Die Kirche muss sie aktualisieren, sie muss in der politischen Debatte, in unserem Ringen um einen wahren Begriff von Freiheit und Frieden gegenwärtig sein … Der Agnostiker kann sich nicht damit zufriedengeben, nicht zu wissen, ob Gott existiert oder nicht, sondern er muss auf der Suche sein und das große Erbe des Glaubens hören; der Katholik kann nicht damit zufrieden sein, den Glauben zu haben, sondern er muss auf der Suche nach Gott sein, noch tiefer, und im Dialog mit den anderen muss er Gott in tieferer Weise wieder neu kennenlernen.

Auf dem Flug nach Tschechien, 26. 9. 2009

Hoffnung

Was unsere Rettung ist

Nur wenn Jesus auferstanden ist, ist wirklich Neues geschehen, das die Welt und die Situation des Menschen verändert. Dann wird er der Maßstab, auf den wir uns verlassen können. Denn dann hat Gott sich wirklich gezeigt. Insofern ist bei unserer Suche nach der Gestalt Jesu die Auferstehung der entscheidende Punkt. Ob Jesus nur *war* oder ob er auch *ist* – das hängt an der Auferstehung. Im Ja oder Nein dazu geht es nicht um ein einzelnes Ereignis neben anderen, sondern um die Gestalt Jesu als solche.

»Jesus von Nazareth«, Bd. II, S. 266

Wir brauchen die kleineren oder größeren Hoffnungen, die uns Tag um Tag auf dem Weg halten. Aber sie reichen nicht aus ohne die große Hoffnung, die alles andere überschreiten muss. Diese große Hoffnung kann nur Gott sein, der das Ganze umfasst und der uns geben und schenken kann, was wir allein nicht vermögen. Gerade das Beschenktwerden gehört zur Hoffnung. Gott ist das Fundament der Hoffnung – nicht irgendein Gott, sondern der Gott, der ein menschliches Angesicht hat und der uns geliebt hat bis ans Ende: jeden Einzelnen und die Menschheit als Ganze. Sein Reich ist kein imaginäres Jenseits einer nie herbeikommenden Zukunft; sein Reich ist da, wo er geliebt wird und wo seine Liebe bei uns ankommt.

Enzyklika »Spe salvi«, Nr. 31

Glaube, Hoffnung und Liebe gehören zusammen. Die Hoffnung artikuliert sich praktisch in der Tugend der Geduld, die im Guten auch in der scheinbaren Erfolglosigkeit nicht nachlässt, und in der Tugend der Demut, die Gottes Geheimnis annimmt und ihm auch im Dunklen traut. Der Glaube zeigt uns den Gott, der seinen Sohn für uns hingegeben hat, und gibt uns so die überwältigende Gewissheit, dass es wahr ist: Gott ist Liebe! Auf diese Weise verwandelt er unsere Ungeduld und unsere Zweifel in Hoffnungsgewissheit, dass Gott die Welt in Händen hält und dass er trotz allen Dunkels siegt … Der Glaube, das Innewerden der Liebe Gottes, die sich im durchbohrten Herzen Jesu am Kreuz offenbart hat, erzeugt seinerseits die Liebe. Sie ist das Licht – letztlich das einzige –, das eine dunkle Welt immer wieder erhellt und uns den Mut zum Leben und zum Handeln gibt.

Enzyklika »Deus caritas est«, Nr. 39

Die Angst vor Misserfolg kann gelegentlich ein Hemmnis auch für die schönsten Träume sein, sie kann den Willen lähmen und den Menschen unfähig machen, an die Existenz eines auf Fels gebauten Hauses zu glauben. Sie kann uns einreden, dass die Sehnsucht nach dem Haus lediglich ein Jugendwunsch und kein Projekt für das ganze Leben ist. Gemeinsam mit Jesus sagt zu dieser Angst: »Ein auf Fels gebautes Haus kann nicht einstürzen!« Gemeinsam mit dem hl. Petrus sagt zur Versuchung des Zweifels: »Wer an Christus glaubt, wird nicht zugrunde gehen!« Seid Zeugen der Hoffnung, jener Hoffnung, die sich nicht fürchtet, das Haus des eigenen Lebens aufzubauen, denn sie weiß sicher, dass sie auf das Fundament zählen kann, das nie einstürzen wird: auf Jesus Christus, unseren Herrn.

An Jugendliche in Krakau, 27. 5. 2006

Gott hat sich klein gemacht für uns. Gott kommt nicht mit äußerer Macht, sondern er kommt in der Ohnmacht seiner Liebe, die seine Macht ist … Das Kind Jesus erinnert uns natürlich auch an alle Kinder dieser Welt, in denen er auf uns zugehen will. An die Kinder, die in der Armut leben; als Soldaten missbraucht werden; die nie die Liebe der Eltern erfahren durften; an die kranken und leidenden, aber auch an die fröhlichen und gesunden Kinder. Europa ist arm an Kindern geworden: Wir brauchen alles für uns selber, und wir trauen wohl der Zukunft nicht recht. Aber zukunftslos wird die Erde erst sein, wenn die Kräfte des menschlichen Herzens und der vom Herzen erleuchteten Vernunft erlöschen – wenn das Antlitz Gottes nicht mehr über der Erde leuchtet. Wo Gott ist, da ist Zukunft.

Predigt in Mariazell, Österreich, 8. 9. 2007

Alles ernsthafte und rechte Tun des Menschen ist Hoffnung im Vollzug. Zunächst in dem Sinn, dass wir dabei unsere kleineren oder größeren Hoffnungen voranzubringen versuchen: diese oder jene Aufgabe lösen, die für den weiteren Weg unseres Lebens wichtig ist; durch unseren Einsatz dazu beitragen, dass die Welt ein wenig heller und menschlicher wird und so auch sich Türen in die Zukunft hinein auftun. Aber der tägliche Einsatz für das Weitergehen des eigenen Lebens und für die Zukunft des Ganzen ermüdet oder schlägt in Fanatismus um, wenn uns nicht das Licht jener großen Hoffnung leuchtet, die auch durch Misserfolge im Kleinen und durch das Scheitern geschichtlicher Abläufe nicht aufgehoben werden kann.

Enzyklika »Spe salvi«, Nr. 35

Auch wenn die Gegenwart uns manchmal stürmisch ins Gesicht bläst und uns angst und bange wird um die Zukunft: Wir dürfen Vertrauen haben, wir müssen uns nicht fürchten, weil Gott es ist, der uns entgegenkommt. Wenn wir die Zukunft auf diese Weise begreifen, dann können wir die Herausforderungen annehmen, die sie an uns stellt. Dann können wir die Zukunft gestalten und ihre Chancen nutzen ... Nehmt mit dem Evangelium als Maßstab aktiv am politischen und gesellschaftlichen Geschehen in eurem Land teil! Wagt die Mitgestaltung der Zukunft als katholische Laien in Verbundenheit mit den Priestern und Bischöfen! Mit Gott im Rücken könnt ihr mutig handeln, denn Er ist es, der uns versichert: »Ich will euch eine Zukunft und eine Hoffnung geben« (Jer 29,11).

An den Katholikentag in Osnabrück, 11. 5. 2008

Jesus führte die Seinen in die Nähe von Bethanien, so wird uns gesagt. »Dort erhob er seine Hände und segnete sie. Und während er sie segnete, verließ er sie und wurde zum Himmel emporgehoben« (Lk 24,50f). Jesus scheidet segnend. Segnend geht er, und im Segnen bleibt er. Seine Hände bleiben ausgebreitet über diese Welt. Die segnenden Hände Christi sind wie ein Dach, das uns schützt. Aber sie sind zugleich eine Gebärde der Öffnung, die die Welt aufreißt, damit der Himmel in sie hereindringe, in ihr Gegenwart werden kann. In der Gebärde der segnenden Hände ist das bleibende Verhältnis Jesu zu seinen Jüngern, zur Welt ausgedrückt. Im Weggehen kommt er, um uns über uns selbst hinaufzuheben und die Welt für Gott zu öffnen … Im Glauben wissen wir, dass Jesus seine Hände segnend über uns ausgebreitet hält. Dies ist der bleibende Grund christlicher Freude.

»Jesus von Nazareth«, Bd. II, S. 317 f.

Wir können nur versuchen, aus der Zeitlichkeit, in der wir gefangen sind, herauszudenken und zu ahnen, dass Ewigkeit nicht eine immer weitergehende Abfolge von Kalendertagen ist, sondern etwas wie der erfüllte Augenblick, in dem uns das Ganze umfängt und wir das Ganze umfangen. Es wäre der Augenblick des Eintauchens in den Ozean der unendlichen Liebe, in dem es keine Zeit, kein Vor- und Nachher mehr gibt. Wir können nur versuchen zu denken, dass dieser Augenblick das Leben im vollen Sinn ist, immer neues Eintauchen in die Weite des Seins, indem wir einfach von der Freude überwältigt werden. So drückt es Jesus bei Johannes aus: »Ich werde euch wiedersehen, und euer Herz wird sich freuen, und eure Freude wird niemand von euch nehmen« (Joh 16,22).

Enzyklika »Spe salvi«, Nr. 12

Dass Liebe ins Jenseits hinüberreichen kann, dass ein beiderseitiges Geben und Nehmen möglich ist, in dem wir einander über die Grenze des Todes hinweg zugetan bleiben, ist eine Grundüberzeugung der Christenheit durch alle Jahrhunderte hindurch gewesen und bleibt eine tröstliche Erfahrung auch heute. Wer empfände nicht das Bedürfnis, seinen ins Jenseits vorangegangenen Lieben ein Zeichen der Güte, der Dankbarkeit oder auch der Bitte um Vergebung zukommen zu lassen? ... Unsere Existenzen greifen ineinander, sind durch vielfältige Interaktionen miteinander verbunden. Keiner lebt allein. Keiner sündigt allein. Keiner wird allein gerettet. In mein Leben reicht immerfort das Leben anderer hinein: in dem, was ich denke, rede, tue, wirke. Und umgekehrt reicht mein Leben in dasjenige anderer hinein: im Bösen wie im Guten.

Enzyklika »Spe salvi«, Nr. 48

Liebe

Was uns leben lässt

Gott ist ganz und gar nur Liebe, reinste, unendliche und ewige Liebe. Er lebt nicht in glanzvoller Einsamkeit, sondern ist vielmehr unerschöpflicher Quell des Lebens, das sich unaufhörlich hinschenkt und mitteilt. Wir können es in einem gewissen Maß erahnen, wenn wir sowohl den Makrokosmos – unsere Erde, die Planeten, die Sterne, die Galaxien – als auch den Mikrokosmos – die Zellen, die Atome, die Elementarteilchen – betrachten. In alles Seiende ist in gewissem Sinne der »Name« der Allerheiligsten Dreifaltigkeit eingeprägt, da das ganze Sein, bis hin zum letzten Partikel, ein In-Beziehung-Sein ist, und auf diese Weise scheint Gott durch, der Beziehung ist.

Angelus, 7. 6. 2009

»Und das Wort ist Fleisch geworden.« Das Licht dieser Wahrheit zeigt sich dem, der es mit Glauben aufnimmt, da es ein Geheimnis der Liebe ist. Nur wer sich der Liebe öffnet, wird vom Licht der Weihnacht umfangen. So war es in der Nacht von Bethlehem, und so ist es auch heute. Die Menschwerdung des Sohnes Gottes ist ein Ereignis, das in der Geschichte geschehen ist, über diese aber zugleich hinausgeht. In der Nacht der Welt wird ein neues Licht entzündet, das sich den einfachen Augen des Glaubens, dem gütigen und demütigen Herzen, das den Erlöser erwartet, zeigt. Wenn die Wahrheit bloß eine mathematische Formel wäre, drängte sie sich gewissermaßen von selbst auf. Wenn jedoch die Wahrheit Liebe ist, verlangt sie Glauben, das »Ja« unseres Herzens.

Urbi et Orbi, 25. 12. 2010

In der Tat: Dazu sind wir da, den Menschen Gott zu zeigen. Und erst wo Gott gesehen wird, beginnt das Leben richtig. Erst wo wir dem lebendigen Gott in Christus begegnen, lernen wir, was Leben ist. Wir sind nicht das zufällige und sinnlose Produkt der Evolution. Jeder von uns ist Frucht eines Gedankens Gottes. Jeder ist gewollt, jeder ist geliebt, jeder ist gebraucht. Es gibt nichts Schöneres, als vom Evangelium, von Christus gefunden zu werden. Es gibt nichts Schöneres, als ihn zu kennen und anderen die Freundschaft mit ihm zu schenken. Die Arbeit des Hirten, des Menschenfischers mag oft mühsam erscheinen. Aber sie ist schön und groß, weil sie letzten Endes Dienst an der Freude Gottes ist, die in der Welt Einzug halten möchte.

Predigt zur Amtseinführung als Papst, 24. 4. 2005

Die authentische Schönheit aber öffnete das menschliche Herz für die Sehnsucht, für das tiefe Verlangen zu erkennen, zu lieben, auf den anderen zuzugehen, die Hände nach dem Anderen, dem, was uns übersteigt, auszustrecken. Wenn wir es zulassen, dass die Schönheit uns zuinnerst berührt, dass sie uns verwundet, dass sie unsere Augen öffnet, dann entdecken wir die Freude des Sehens neu und verstehen die tiefe Bedeutung unserer Existenz, das Geheimnis, dessen Teil wir sind. Von diesem Geheimnis können wir die ganze Fülle erwarten, die Freude, die Leidenschaft, sich diesem Geheimnis täglich zuzuwenden.

Vor Künstlern in der Sixtinischen Kapelle, 21. 11. 2009

Ich möchte euch dazu einladen, »die Liebe zu wagen«; das heißt, nichts Geringeres für euer Leben zu ersehnen als eine starke und schöne Liebe, die fähig ist, das ganze Dasein zu einer freudigen Verwirklichung der Gabe eurer selbst an Gott und die Brüder zu machen, in Nachahmung dessen, der durch seine Liebe für immer den Hass und den Tod besiegt hat (vgl. Offb 5,13). Die Liebe ist die einzige Kraft, die imstande ist, die Herzen der Menschen und der ganzen Menschheit zu wandeln und die Beziehungen zwischen Männern und Frauen, zwischen Reich und Arm, zwischen Kulturen und Zivilisationen fruchtbringend zu machen.

Botschaft zum XXII. Weltjugendtag, 1. 4. 2007

Die Kirche legt den Menschen nicht irgendetwas auf und bietet nicht irgendein Moralsystem dar. Wirklich entscheidend ist, dass sie Ihn gibt, dass sie die Türen zu Gott aufmacht und damit den Menschen das gibt, was sie am meisten erwarten, was sie am meisten brauchen und was ihnen auch am meisten helfen kann. Sie tut es vor allen Dingen durch das große Wunder der Liebe, das immer wieder geschieht. Wenn Menschen – ohne einen Profit zu haben, ohne das als Job machen zu müssen – von Christus motiviert anderen beistehen und ihnen helfen. Dieser, wie Eugen Biser sagt, therapeutische Charakter des Christentums, der heilende und schenkende, müsste in der Tat viel deutlicher in Erscheinung treten.

»Licht der Welt«, S. 205

Liebe (ist) nicht bloß Gefühl. Gefühle kommen und gehen. Das Gefühl kann eine großartige Initialzündung sein, aber das Ganze der Liebe ist es nicht … Zur Reife der Liebe gehört es, dass sie alle Kräfte des Menschseins einbezieht, den Menschen sozusagen in seiner Ganzheit integriert. Die Begegnung mit den sichtbaren Erscheinungen der Liebe Gottes kann in uns das Gefühl der Freude wecken, das aus der Erfahrung des Geliebtseins kommt. Aber sie ruft auch unseren Willen und unseren Verstand auf den Plan. Die Erkenntnis des lebendigen Gottes ist Weg zur Liebe, und das Ja unseres Willens zu seinem Willen einigt Verstand, Wille und Gefühl zum ganzheitlichen Akt der Liebe. Dies ist freilich ein Vorgang, der fortwährend unterwegs bleibt: Liebe ist niemals »fertig« und vollendet; sie wandelt sich im Lauf des Lebens, reift und bleibt sich gerade dadurch treu.

Enzyklika »Deus caritas est«, Nr. 17

Die Liebe ist umsonst; sie wird nicht getan, um damit andere Ziele zu erreichen. Das bedeutet aber nicht, dass das karitative Wirken sozusagen Gott und Christus beiseite lassen müsste. Es ist ja immer der ganze Mensch im Spiel. Oft ist gerade die Abwesenheit Gottes der tiefste Grund des Leidens. Wer im Namen der Kirche karitativ wirkt, wird niemals dem anderen den Glauben der Kirche aufzudrängen versuchen. Er weiß, dass die Liebe in ihrer Reinheit und Absichtslosigkeit das beste Zeugnis für den Gott ist, dem wir glauben und der uns zur Liebe treibt. Der Christ weiß, wann es Zeit ist, von Gott zu reden, und wann es recht ist, von ihm zu schweigen und nur einfach die Liebe reden zu lassen. Er weiß, dass Gott Liebe ist (vgl. 1 Joh 4,8) und gerade dann gegenwärtig wird, wenn nichts als Liebe getan wird.

Enzyklika »Deus caritas est«, Nr. 31

Was geschieht da? Wie kann Jesus seinen Leib austeilen und sein Blut? Indem er Brot zu seinem Leib und Wein zu seinem Blut macht und austeilt, nimmt er seinen Tod vorweg, nimmt er ihn von innen her an und verwandelt ihn in eine Tat der Liebe. Was von außen her brutale Gewalt ist – die Kreuzigung –, wird von innen her ein Akt der Liebe, die sich selber schenkt, ganz und gar … Dies nun ist der zentrale Verwandlungsakt, der allein wirklich die Welt erneuern kann: Gewalt wird in Liebe umgewandelt und so Tod in Leben … Das ist sozusagen die Kernspaltung im Innersten des Seins – der Sieg der Liebe über den Hass, der Sieg der Liebe über den Tod. Nur von dieser innersten Explosion des Guten her, die das Böse überwindet, kann dann die Kette der Verwandlungen ausgehen, die allmählich die Welt umformt.

Predigt auf dem Weltjugendtag in Köln, 21. 8. 2005

Was uns am Tod am meisten Angst macht, ist gerade dies, wie Kinder haben wir Angst, in der Dunkelheit allein zu sein, und nur die Anwesenheit eines Menschen, der uns liebt, kann uns beruhigen. Genau das hat sich am Karsamstag ereignet: Im Reich des Todes ist die Stimme Gottes erklungen. Das Undenkbare ist geschehen: Die Liebe ist vorgedrungen in das »Reich des Todes«. Auch in der extremsten Dunkelheit der absoluten menschlichen Einsamkeit können wir eine Stimme hören, die uns ruft, und eine Hand finden, die uns ergreift und uns nach draußen führt. Der Mensch lebt durch die Tatsache, dass er liebt und lieben kann; und wenn die Liebe auch in den Raum des Todes eingedrungen ist, so ist auch dort das Leben angekommen. In der Stunde der extremsten Einsamkeit werden wir nie allein sein.

Meditation vor dem Turiner Grabtuch, 2. 5. 2010

Kirche

Volk Gottes in der Zeit

Man muss natürlich immer fragen, welche Dinge, auch wenn sie einmal als wesentlich christlich galten, in Wirklichkeit nur Ausdruck einer bestimmten Epoche waren. Was also ist das wirklich Wesentliche? Das heißt, wir müssen immer wieder auf das Evangelium und die Worte des Glaubens zurückgehen, um zu sehen: Erstens, was gehört dazu?; zweitens, was ändert sich rechtmäßig im Wandel der Zeiten?; und drittens, was gehört nicht dazu? Der maßgebliche Punkt ist letztendlich also immer, die richtige Unterscheidung zu finden.

»Licht der Welt«, S. 170

Gott hat sich sichtbar gemacht: In Jesus können wir den Vater anschauen (vgl. Joh 14,9) ... Und in der weiteren Geschichte der Kirche ist der Herr nicht abwesend geblieben: Immer neu geht er auf uns zu – durch Menschen, in denen er durchscheint; durch sein Wort, in den Sakramenten, besonders in der Eucharistie. In der Liturgie der Kirche, in ihrem Beten, in der lebendigen Gemeinschaft der Gläubigen erfahren wir die Liebe Gottes, nehmen wir ihn wahr und lernen so auch, seine Gegenwart in unserem Alltag zu erkennen. Er hat uns zuerst geliebt und liebt uns zuerst; deswegen können auch wir mit Liebe antworten. Gott schreibt uns nicht ein Gefühl vor, das wir nicht herbeirufen können. Er liebt uns, lässt uns seine Liebe sehen und spüren, und aus diesem »Zuerst« Gottes kann als Antwort auch in uns die Liebe aufkeimen.

Enzyklika »Deus caritas est«, Nr. 17

Die Kirche muss immer wieder neu zu dem werden, was sie schon ist: Sie muss die Grenzen zwischen den Völkern öffnen und die Barrieren zwischen Klassen und Rassen niederreißen. In ihr darf es keinen geben, der vergessen oder verachtet wird. In der Kirche gibt es nur freie Brüder und Schwestern Jesu Christi. Wind und Feuer des Heiligen Geistes müssen unaufhörlich jene Grenzen öffnen, die wir immer wieder zwischen uns aufrichten; wir müssen immer wieder von Babel, vom Verschlossensein in uns selbst, zu Pfingsten übergehen. Deshalb müssen wir ständig dafür beten, dass der Heilige Geist uns offen mache, uns die Gnade des gegenseitigen Verstehens schenke, um zum Volk Gottes zu werden, das aus allen Völkern kommt.

Bei einer Priesterweihe im Petersdom, 15. 5. 2005

Ihm (Jesus Christus) folgen wir mit der großen Schar derer, die uns da vorangegangen sind. Dann gehen wir recht. Das bedeutet, dass wir uns nicht einen privaten Gott und nicht einen privaten Jesus zurechtmachen, sondern dem Jesus glauben, vor dem Jesus uns beugen, den uns die Heiligen Schriften zeigen und der sich in der großen Prozession der Gläubigen, die wir Kirche nennen, als lebendig, als immer gleichzeitig mit uns und zugleich immer uns voraus zeigt. An der Kirche kann man sehr viel Kritik üben. Wir wissen es, und der Herr hat es uns gesagt: Sie ist ein Netz mit guten und schlechten Fischen, ein Acker mit Weizen und Unkraut … (Aber) im Grund ist es doch tröstlich, dass es Unkraut in der Kirche gibt: In all unseren Fehlern dürfen wir hoffen, doch noch in der Nachfolge Jesu zu sein, der gerade die Sünder berufen hat.

Auf dem Weltjugendtag in Köln, 20. 8. 2005

(Die Kirche) ist eine Gemeinschaft, die das Wort Gottes hört und verkündet. Die Kirche lebt nicht von sich selbst, sondern vom Evangelium und schöpft aus dem Evangelium immer aufs Neue Orientierung für ihren Weg. Es ist ein Hinweis, den jeder Christ aufnehmen und auf sich selbst anwenden soll: Nur wer zuerst und vor allem auf das Wort Gottes hört, wird es dann auch verkünden können. Denn er soll ja nicht seine eigene Weisheit lehren, sondern die Weisheit Gottes, die in den Augen der Welt oft als Torheit erscheint (vgl. 1 Kor 1,23) ... Die Kirche muss sich ständig erneuern und verjüngen, und das Wort Gottes, das niemals altert noch je versiegt, ist das bevorzugte Mittel, um dieses Ziel zu erreichen. Denn es ist das Wort Gottes, das uns durch den Heiligen Geist immer wieder in die ganze Wahrheit führt (vgl. Joh 16,13) ...

Ansprache zum 40. Jahrestag von »Dei Verbum«, 16. 9. 2005

Nach der Brotvermehrung veranlasst der Herr die Jünger, ins Boot zu steigen und zum anderen Ufer nach Betsaida vorauszufahren, während er selbst das Volk entlässt. Er zieht sich dann »auf den Berg« zurück, um zu beten. So sind die Jünger allein im Boot. Es ist Gegenwind, der See ist aufgewühlt. Sie sind bedroht von der Macht der Wogen und des Sturms. Der Herr scheint weit weg zu sein im Gebet auf seinem Berg. Aber weil er beim Vater ist, sieht er sie. Und weil er sie sieht, kommt er über den See zu ihnen, setzt sich mit ihnen ins Boot und ermöglicht ihnen die Fahrt zum Ziel. Dies ist ein Bild für die Zeit der Kirche – gerade auch uns zugedacht. Der Herr ist »auf dem Berg« des Vaters. Deshalb sieht er uns. Darum kann er jederzeit in das Boot unseres Lebens einsteigen. Deswegen können wir ihn immer rufen und immer gewiss sein, dass er uns sieht und hört.

»Jesus von Nazareth«, Bd. II, S. 309 f.

Schließlich erfahren wir in den Paulusbriefen von vielen Frauen, die in der frühen Kirche einen wichtigen Platz einnahmen. Als eifrige Mitarbeiterinnen in der Verkündigung des Evangeliums bezeugten sie mutig den Glauben und versammelten die Gläubigen in ihren Häusern. Die Sendung der Frauen in der Kirche gründet in der Taufe, die allen Christen die gemeinsame Würde der Gotteskindschaft schenkt, sie über alle Unterschiede hinweg in Christus vereint und gemäß der ihnen eigenen Berufung in den Dienst an Gott und den Menschen stellt ... Wir wollen Gott für das Große danken, das er durch gläubige Frauen in der Kirche gewirkt hat und wirkt, besonders für die Weitergabe des Glaubens und den Dienst der Liebe. Ich danke allen Frauen, die heute durch ihr Gebet und ihr christliches Zeugnis und Engagement einen unersetzlichen Beitrag zum Leben der Kirche leisten.

Generalaudienz, 14. 2. 2007

Weniger deutlich, aber dennoch unverkennbar gibt es auch bei uns im Westen den Aufbruch neuer katholischer Initiativen, die nicht von einer Struktur, von einer Bürokratie befohlen sind. Die Bürokratie ist verbraucht und müde. Diese Initiativen kommen von innen heraus, aus der Freude junger Menschen. Das Christentum nimmt vielleicht ein anderes Gesicht, auch eine andere kulturelle Gestalt an. Es hat nicht den Kommandoplatz in der Weltmeinung inne, da regieren andere. Aber es ist die Lebenskraft, ohne die auch die anderen Dinge nicht weiterbestehen würden. Insofern bin ich durch das, was ich selber sehen und erleben darf, ganz optimistisch, dass das Christentum vor einer neuen Dynamik steht.

»Licht der Welt«, S. 79

Abraham hat in seinem leidenschaftlichen Disput mit Gott um den Erhalt der Stadt Sodom vom Herrn der Welt die Zusicherung erhalten, wenn es dort zehn Gerechte gebe, werde er die Stadt verschonen (Gen 18,22–33). Wie viel mehr als zehn Gerechte gibt es in unseren Städten gottlob! Wenn wir ein wenig wach sind, wenn wir nicht nur das Dunkle, sondern das Helle und Gute in unserer Zeit wahrnehmen, sehen wir, wie der Glaube die Menschen rein und gütig macht und sie zur Liebe erzieht. Noch einmal: Es gibt das Unkraut gerade auch mitten in der Kirche und unter denen, die der Herr in besonderer Weise in seinen Dienst genommen hat. Aber das Licht Gottes ist nicht untergegangen, der gute Weizen nicht erstickt worden von der Saat des Bösen.

An den Ökumenischen Kirchentag in München, 10. 5. 2010

Die Auferstehung Christi versichert uns, dass keine gegnerische Macht je die Kirche zerstören können wird. Unser Glaube hat also ein Fundament, doch es ist nötig, dass dieser Glauben in einem jeden von uns Leben annimmt. Eine große Anstrengung ist daher zu unternehmen, damit sich jeder Christ in einen Zeugen verwandelt, der fähig ist, allen und immer Rechenschaft zu geben von der Hoffnung, die ihn erfüllt (vgl. 1 Petr 3,15): Nur Christus kann die tiefen Wünsche jedes menschlichen Herzens voll erfüllen und auf die Fragen über das Leid, die Ungerechtigkeit und das Böse, über den Tod und das Leben im Jenseits, die es am meisten beunruhigen, Antwort geben.

Predigt in Lissabon, 11. 5. 2010

Bibel

Urkunde der Treue Gottes

Die Heilige Schrift, die Bibel, ist kein Buch, das vom Himmel gefallen ist, das es jetzt gibt und jeder nimmt es, sondern sie ist ein Buch, das im Volk Gottes gewachsen ist und in diesem gemeinsamen Subjekt des Volkes Gottes lebt, und nur hier bleibt es immer gegenwärtig und wirklich, das heißt, die Bibel kann nicht isoliert werden, sondern die Bibel steht in der Beziehung zur Überlieferung und zur Kirche.

Auf dem Flug nach Zypern, 4. 6. 2010

Gott offenbart sich in der Geschichte, er spricht zu den Menschen und sein Wort ist ein schöpferisches Wort. Der hebräische Ausdruck »dabar«, der gewöhnlich mit »Wort« übersetzt wird, bedeutet in Wirklichkeit sowohl »Wort« als auch »Tat«. Gott sagt, was er tut, und er tut, was er sagt. Im Alten Testament verkündet er den Kindern Israels die Ankunft des Messias und den Schluss eines »neuen« Bundes; im fleischgewordenen Wort erfüllt er seine Verheißungen ... Um auf dem irdischen Pilgerweg zur himmlischen Heimat fortzuschreiten, müssen wir alle uns mit dem Wort und dem Brot des ewigen Lebens nähren, die nicht voneinander zu trennen sind! Die Apostel haben das Wort des Heils angenommen und es ihren Nachfolgern überliefert wie ein kostbares Schmuckstück, das im Schrein der Kirche sicher aufbewahrt wird ...

Botschaft zum XXI. Weltjugendtag, 22. 2. 2006

Bibel – Urkunde der Treue Gottes

Im Licht der Auferstehung, im Licht der neu geschenkten Weggemeinschaft mit dem Herrn musste man das Alte Testament neu zu lesen lernen … Nicht die Schriftworte haben die Erzählung von Fakten hervorgerufen, sondern die zunächst unverständlichen Fakten haben zu einem neuen Verstehen der Schrift geführt. Der so gefundene Einklang von Faktum und Wort bestimmt nicht nur die Struktur der Passionsberichte (und der Evangelien überhaupt), sondern ist konstitutiv für den christlichen Glauben. Ohne ihn ist das Werden der Kirche nicht zu verstehen, deren Botschaft eben durch dieses Ineinander von Sinn und Geschichte ihre Glaubwürdigkeit und ihre historische Relevanz empfing und weiter empfängt: Wo dieser Zusammenhang aufgelöst wird, wird die Grundstruktur des christlichen Glaubens selbst aufgelöst.

»Jesus von Nazareth«, Bd. II, S. 227

Die Bibel muss in dem Geist gelesen werden, in dem sie geschrieben wurde. Sie muss in ihrer Ganzheit, in ihrer Einheit gelesen werden. Und das ist nur möglich, wenn man sie als ein Buch des Volkes Gottes betrachtet, das voranschreitend auf Christus zugeht. Notwendig ist nicht einfach ein Abbruch, sondern eine Selbstkritik der historischen Methode; eine Selbstkritik der historischen Vernunft, die ihre Grenzen einsieht und die Kompatibilität mit einer Erkenntnis aus dem Glauben heraus erkennt; kurzum: die Synthese zwischen einer rational historischen und einer vom Glauben her geleiteten Auslegung. Wir müssen beides in der richtigen Weise zueinander bringen. Und das entspricht auch dem grundsätzlichen Verhältnis zwischen Glaube und Vernunft.

»Licht der Welt«, S. 201

Die Bibel wird im Neuen Testament im Allgemeinen zu Recht nicht als »die Schrift«, sondern als »die Schriften« bezeichnet, die freilich zusammen dann doch als das eine Wort Gottes an uns angesehen werden. Aber schon dieser Plural macht sichtbar, dass Gottes Wort hier nur durch Menschenwort und Menschenwörter hindurch zu uns kommt, dass Gott nur durch Menschen hindurch, durch deren Worte und deren Geschichte zu uns redet. Dies wieder bedeutet, dass das Göttliche an dem Wort und an den Wörtern nicht einfach zutage liegt. Modern ausgedrückt: Die Einheit der biblischen Bücher und der göttliche Charakter ihrer Worte sind nicht rein historisch greifbar ... Die Schrift bedarf der Auslegung, und sie bedarf der Gemeinschaft, in der sie geworden ist und in der sie gelebt wird. In ihr hat sie ihre Einheit, und in ihr öffnet sich der das Ganze zusammenhaltende Sinn ...

Ansprache in Paris, 12. 9. 2008

Gott hat sein ewiges Wort auf menschliche Weise ausgesprochen; sein Wort »ist Fleisch geworden« (Joh 1,14). Das ist die frohe Botschaft. Das ist die Verkündigung, die durch die Jahrhunderte hindurch bis zu uns in unsere Zeit gelangt … Und es ist die Gabe und unverzichtbare Aufgabe der Kirche, die Freude zu vermitteln, die aus der Begegnung mit der Person Christi kommt, dem Wort Gottes, das mitten unter uns gegenwärtig ist. In einer Welt, die Gott oft als überflüssig oder fremd empfindet, bekennen wir wie Petrus, dass nur er »Worte des ewigen Lebens« (Joh 6,68) hat. Es gibt keine größere Priorität als diese: dem Menschen von heute den Zugang zu Gott wieder zu öffnen, zu dem Gott, der spricht und uns seine Liebe mitteilt, damit wir Leben in Fülle haben (vgl. Joh 10,10).

Nachsynodales Schreiben »Verbum Domini«, 30. 9. 2010

Der hl. Hieronymus sagt …: »Die Schrift nicht kennen heißt Christus nicht kennen.« Ein wohlerprobter Weg, das Wort Gottes zu vertiefen und zu verkosten, ist die »lectio divina«, die ein wirklicher geistlicher Weg in mehreren Schritten ist. Von der »lectio«, die darin besteht, einen Abschnitt der Heiligen Schrift wiederholt zu lesen und seine hauptsächlichen Elemente zu erfassen, geht man über zur »meditatio«, die wie eine innere Ruhepause ist, in der die Seele sich Gott zuwendet und zu verstehen versucht, was sein Wort heute für das konkrete Leben sagt. Dann folgt die »oratio«, die uns im direkten Gespräch mit Gott verweilen lässt, und schließlich gelangt man zur »contemplatio«, die uns hilft, unser Herz offen zu halten für die Gegenwart Christi … Das Lesen, das Studium und die Meditation des Wortes müssen dann einmünden in ein Leben der konsequenten Treue zu Christus und zu seiner Lehre …

Botschaft zum XXI. Weltjugendtag, 22. 2. 2006

Wie das Kreuz Christi zeigt, spricht Gott auch durch sein Schweigen. Das Schweigen Gottes, die Erfahrung der Ferne des allmächtigen Vaters, ist ein entscheidender Abschnitt auf dem irdischen Weg des Sohnes Gottes, des fleischgewordenen Wortes. Am Holz des Kreuzes hängend, hat er den Schmerz beklagt, den dieses Schweigen ihm zufügt: »Mein Gott, mein Gott, warum hast du mich verlassen?« (Mk 15,34; Mt 27,46) … Diese Erfahrung Jesu ist bezeichnend für die Situation des Menschen, der, nachdem er das Wort Gottes gehört und erkannt hat, es auch mit seinem Schweigen aufnehmen muss. Es ist eine Erfahrung, die etliche Heilige und Mystiker gemacht haben und die auch heute zum Weg vieler Gläubigen gehört. Das Schweigen Gottes ist wie eine Verlängerung der Worte, die er zuvor gesprochen hat. In diesen dunklen Augenblicken spricht er im Geheimnis seines Schweigens.

Nachsynodales Schreiben »Verbum Domini«, 30. 9. 2010

Jesus ist das lebendige Wort Gottes.
Als er lehrte, erkannten die Menschen in
seinen Worten die göttliche Autorität, sie
spürten die Nähe des Herrn, seine barm-
herzige Liebe, und priesen Gott. In jedem
Zeitalter und an allen Orten … offenbart er
uns in seiner Verkündigung, in seinen
Taten, in seiner Person das wahre Antlitz
Gottes, und zugleich offenbart er uns
unsere eigene Identität, er lässt uns die
Freude verspüren, Kinder des Vaters im
Himmel zu sein … Liebe Brüder und
Schwestern, ich ermahne euch, jeden Tag
dem Wort Gottes Raum zu geben, euch von
ihm zu nähren, es beständig zu betrachten.
Es ist auch eine kostbare Hilfe, um sich vor
einem oberflächlichen Aktivismus in Acht
zu nehmen, der zwar für einen Moment den
Stolz befriedigen kann, aber am Ende leer
und unzufrieden zurücklässt.

Angelus, 6. 3. 2011

Das Wort Gottes drängt uns zu einer Änderung unseres Begriffs von Realismus: Realist ist der, der im Wort Gottes das Fundament von allem erkennt. Das brauchen wir besonders in unserer Zeit, in der viele Dinge, auf die man für den Aufbau des Lebens vertraut und seine Hoffnung zu setzen sucht, ihr vergängliches Wesen offenbaren. Haben, Genuss und Macht erweisen sich früher oder später als unfähig, das tiefste Verlangen des menschlichen Herzens zu stillen. Zum Aufbau seines Lebens braucht der Mensch solide Fundamente, die auch dann bestehen bleiben, wenn menschliche Gewissheiten schwinden. »Herr, dein Wort bleibt auf ewig, es steht fest wie der Himmel«, und die Treue des Herrn währt »von Geschlecht zu Geschlecht« (Ps 119,89–90): Wer auf dieses Wort baut, baut das Haus seines Lebens auf Fels (vgl. Mt 7,24).

Nachsynodales Schreiben »Verbum Domini«, 30. 9. 2010

Familie

Lernort des Lebens

Wie der Apostel Paulus an die Christen der Stadt Kolossä schrieb, ist es lebenswichtig, Wurzeln zu haben, solide Grundlagen! Und das gilt besonders in der heutigen Zeit, in der viele keine festen Bezugspunkte haben, um ihr Leben aufzubauen, und so zutiefst unsicher werden … Ihr Jugendlichen habt das Recht, von euren Vorgängergenerationen Fixpunkte zu erhalten, um eure Entscheidungen zu treffen und euer Leben aufzubauen – ebenso wie eine junge Pflanze einen festen Halt braucht, bis ihre Wurzeln wachsen, um dann zu einem starken Baum zu werden, der fähig ist, Frucht zu tragen.

Botschaft zum XXVI. Weltjugendtag, 6. 8. 2010

Das Leben wird nicht vom Zufall regiert; es ist nicht der Willkür unterworfen. Euer persönliches Sein ist von Gott gewollt; er hat es gesegnet und ihm einen Sinn gegeben (vgl. Gen 1,28)! Das Leben ist nicht bloß eine Abfolge von Ereignissen oder Erfahrungen, so hilfreich viele von ihnen auch sind. Es ist ein Suchen nach der Wahrheit, dem Guten und dem Schönen … Lasst euch nicht täuschen von denen, die euch nur als einen der vielen Konsumenten in einem Markt der undifferenzierten Möglichkeiten ansehen, wo die Wahl selbst zum Gut wird, die Neuheit sich als Schönheit ausgibt und die subjektive Erfahrung die Wahrheit verdrängt. Christus bietet mehr! Er bietet in der Tat alles! Allein er, der die Wahrheit ist, kann der Weg sein und darum auch das Leben.

Vor Jugendlichen in Sydney, 17. 7. 2008

Zusammen mit der Weitergabe des Glaubens und der Liebe des Herrn besteht eine der größten Aufgaben der Familien darin, freie und verantwortungsvolle Menschen heranzubilden. Deshalb sollen die Eltern ihren Kindern die Freiheit, deren Hüter sie einige Zeit lang sind, zurückgeben. Wenn die Kinder sehen, dass ihre Eltern – und überhaupt die Erwachsenen in ihrer Umgebung – ihr Leben trotz mancher Schwierigkeiten mit Freude und Begeisterung leben, wird auch in ihnen leichter die tiefe Lebensfreude wachsen, die ihnen helfen wird, mögliche Hindernisse und Widrigkeiten, die das Leben mit sich bringt, erfolgreich zu meistern. Wenn die Familie sich nicht in sich selbst verschließt, lernen die Kinder zudem, dass jede Person es wert ist, geliebt zu werden, und dass es eine grundsätzliche universale Brüderlichkeit zwischen allen Menschen gibt.

Beim Weltfamilientreffen in Valencia, 8. 7. 2006

Wenn ein Kind geboren wird, beginnt es, durch die Beziehung zu seinen Eltern Teil einer Familientradition zu werden, die noch ältere Wurzeln hat. Mit dem Geschenk des Lebens empfängt es ein ganzes Erbe an Erfahrung. Bezüglich dieses Erbes haben die Eltern das unveräußerliche Recht und die unveräußerliche Pflicht, es an die Kinder weiterzugeben: sie bei ihrer Identitätsfindung zu erziehen, sie einzuführen in das gesellschaftliche Leben, in den verantwortungsvollen Umgang mit ihrer sittlichen Freiheit und ihrer Fähigkeit zu lieben – durch die Erfahrung, geliebt zu werden – und sie vor allem einzuführen in die Begegnung mit Gott. Die Kinder wachsen und reifen menschlich in dem Maße, in dem sie vertrauensvoll dieses Erbe und diese Erziehung annehmen, in die sie Schritt für Schritt hineinwachsen.

Beim Weltfamilientreffen in Valencia, 9. 7. 2006

Liebe Eltern! Ich möchte euch herzlich einladen, euren Kindern glauben zu helfen und sie auf ihrem Weg zur ersten Kommunion, der danach ja weitergeht, auf ihrem Weg zu Jesus und mit Jesus zu begleiten. Bitte, geht mit euren Kindern in die Kirche zur sonntäglichen Eucharistiefeier. Ihr werdet sehen: Das ist keine verlorene Zeit, das hält die Familie richtig zusammen und gibt ihr ihren Mittelpunkt. Der Sonntag wird schöner, die ganze Woche wird schöner, wenn ihr gemeinsam den Gottesdienst besucht. Und bitte, betet auch zu Hause miteinander: beim Essen, vor dem Schlafengehen. Das Beten führt uns nicht nur zu Gott, sondern auch zueinander. Es ist eine Kraft des Friedens und der Freude. Das Leben in der Familie wird festlicher und größer, wenn Gott dabei ist und seine Nähe im Gebet erlebt wird.

Vesper in der Münchner Frauenkirche, 10. 9. 2006

Liebe Religionslehrer und Erzieher! Euch bitte ich von Herzen, die Frage nach Gott, nach dem Gott, der sich uns in Jesus Christus gezeigt hat, in der Schule gegenwärtig zu halten. Ich weiß, dass es schwer ist, in unserer pluralistischen Welt den Glauben in der Schule zur Sprache zu bringen. Aber es reicht eben nicht, wenn die Kinder und jungen Menschen in der Schule nur Kenntnisse und technisches Können, aber keine Maßstäbe erlernen, die der Kenntnis und dem Können Richtung und Sinn geben. Regt die Schüler an, nicht nur nach diesem und jenem zu fragen – das ist auch gut –, aber zu fragen vor allem auch nach dem Woher und dem Wohin unseres Lebens. Helft ihnen zu erkennen, dass alle Antworten, die nicht bis zu Gott hinkommen, zu kurz sind.

Vesper in der Münchner Frauenkirche, 10. 9. 2006

Familie – Lernort des Lebens

Die Frau ist ein anderes »Ich« im gemeinsamen Menschsein. Die Gleichheit der Würde von Mann und Frau muss anerkannt, bekräftigt und verteidigt werden … Beide sind berufen, in tiefer Gemeinschaft zu leben, in gegenseitiger Anerkennung und Selbsthingabe. Sie müssen zusammen für das Gemeinwohl arbeiten mit ihren männlichen und weiblichen Eigenschaften, die einander ergänzen. Wer verspürt heute nicht die Notwendigkeit, dem, »was das Herz sagt«, mehr Raum zu geben? In der heutigen Welt, die von der Technik beherrscht wird, verspürt man die Notwendigkeit dieser ergänzenden Eigenschaften der Frau, damit der Mensch in ihr leben kann, ohne völlig entmenschlicht zu werden … Fast immer sind es die Frauen, die die menschliche Würde aufrechterhalten, die Familie verteidigen und die kulturellen und religiösen Werte bewahren.

In Luanda, Angola, am 22. 3. 2009

»Die Welt ist immer in Bewegung, und das Leben ist voller Möglichkeiten. Kann ich in diesem Augenblick über mein ganzes Leben verfügen, ohne zu wissen, welche Überraschungen es für mich bereithält? Setze ich durch eine endgültige Entscheidung nicht meine Freiheit aufs Spiel und fessele mich mit eigenen Händen?« … Ich sage euch: Habt Mut! Wagt endgültige Entscheidungen, denn in Wahrheit stehen sie der Freiheit nicht entgegen, sondern sie lenken sie vielmehr in die richtige Bahn. Sie machen es möglich, voranzugehen und etwas Großes im Leben zu erreichen. Das Leben hat zweifellos nur dann einen Wert, wenn ihr den Mut zum Abenteuer habt, wenn ihr darauf vertraut, dass der Herr euch niemals verlassen wird.

An die Jugendlichen von Angola, Luanda, 21. 3. 2009

Ebenso wie die Kirche, die mit der ganzen Menschheit auf der gleichen Reise unterwegs ist, seid auch ihr gerufen, die Gaben des Geistes inmitten der Aufs und Abs eures Alltagslebens zur Geltung zu bringen. Lasst euren Glauben reifen in Studium, Arbeit, Sport, Musik und Kunst. Lasst ihn … Quelle der Inspiration und Hilfe für die Menschen in eurer Umgebung sein. Und schließlich, das Leben dreht sich nicht um das Anhäufen von Gütern. Es ist weit mehr als Erfolg. Wirklich leben bedeutet, von innen her verwandelt zu werden, offen zu sein für die Energie der Liebe Gottes. Wenn ihr die Kraft des Heiligen Geistes annehmt, könnt auch ihr eure Familien, Gemeinschaften und Nationen verwandeln. Setzt die Gaben frei! Lasst Weisheit, Stärke, Gottesfurcht und Frömmigkeit die Zeichen eurer Größe sein!

Vor Jugendlichen in Sydney, 19. 7. 2008

Leider findet die Ikone der Muttergottes der Zärtlichkeit ihr tragisches Gegenstück in den leidvollen Bildern so vieler Kinder und ihrer Mütter, die Krieg und Gewalt ausgeliefert sind: Flüchtlinge, Vertriebene, Zwangsmigranten. Gesichter, die gezeichnet sind von Hunger und Krankheit, entstellt von Schmerz und Verzweiflung. Die Gesichter der unschuldigen Kleinen sind ein stiller Appell an unsere Verantwortung: Angesichts ihrer Wehrlosigkeit brechen alle falschen Rechtfertigungen von Krieg und Gewalt zusammen. Wir müssen uns bloß bekehren zu Projekten des Friedens, müssen Waffen jeglicher Art niederlegen und uns gemeinsam für den Aufbau einer menschenwürdigeren Welt einsetzen.

Predigt zum Weltfriedenstag 1. 1. 2010

Familie – Lernort des Lebens

Menschlichkeit
Für Gerechtigkeit und Frieden

In Wirklichkeit sind wir nur dann, wenn wir Gott im Herzen tragen, dazu fähig, im Antlitz des anderen einen Bruder in der menschlichen Natur zu erkennen … Unsere Wahrnehmung der Welt und besonders unserer Mitmenschen hängt wesentlich ab von der Anwesenheit des Geistes Gottes in uns. Es ist eine Art »Resonanz«: Wer ein leeres Herz hat, nimmt nur flache Bilder ohne Tiefe wahr. Je mehr wir dagegen von Gott bewohnt sind, desto empfänglicher sind wir auch für seine Gegenwart in allem, was uns umgibt: in allen Geschöpfen und besonders in den anderen Menschen.

Predigt zum Weltfriedenstag 1. 1. 2010

Gestärkt durch den Geist und gestützt auf die Weitsicht des Glaubens, ist eine neue Generation von Christen dazu berufen, zum Aufbau einer Welt beizutragen, in der das Leben angenommen, geachtet und geliebt und nicht abgelehnt, wie eine Bedrohung gefürchtet und zerstört wird. Eine neue Zeit, in der die Liebe nicht gierig und selbstsüchtig, sondern rein, treu und wahrhaft frei, offen für andere und voll Achtung für ihre Würde ist, ihr Wohl sucht und Freude und Schönheit ausstrahlt. Eine neue Zeit, in der die Hoffnung uns von der Oberflächlichkeit, der Lustlosigkeit und der Ichbezogenheit befreit, die unsere Seele absterben lassen und das Netz der menschlichen Beziehungen vergiften. Liebe junge Freunde, der Herr bittet euch, Propheten dieser neuen Zeit zu sein … Die Welt braucht diese Erneuerung!

Vor Jugendlichen in Sydney, 19. 7. 2008

Sich für das Gemeinwohl einzusetzen bedeutet, die Gesamtheit der Institutionen, die das soziale Leben rechtlich, zivil, politisch und kulturell strukturieren, einerseits zu schützen und andererseits sich ihrer zu bedienen, so dass auf diese Weise die *Polis*, die Stadt Gestalt gewinnt. Man liebt den Nächsten umso wirkungsvoller, je mehr man sich für ein gemeinsames Gut einsetzt, das auch seinen realen Bedürfnissen entspricht. Jeder Christ ist zu dieser Nächstenliebe aufgerufen, in der Weise seiner Berufung und entsprechend seinen Einflussmöglichkeiten in der *Polis*. Das ist der institutionelle – wir können auch sagen politische – Weg der Nächstenliebe … Wenn das Handeln des Menschen auf Erden von der Liebe inspiriert … wird, trägt es zum Aufbau jener universellen *Stadt Gottes* bei, auf die sich die Geschichte der Menschheitsfamilie zubewegt.

Enzyklika »Caritas in veritate«, Nr. 7

Gottes Schöpfung ist einzig, und sie ist gut. Die Bemühungen um Gewaltlosigkeit, nachhaltige Entwicklung, Gerechtigkeit und Frieden sowie die Sorge für unsere Umwelt sind von lebenswichtiger Bedeutung für die Menschheit … Unsere Welt ist der Gier, der Ausbeutung und der Spaltungen, der Öde falscher Idole und halber Antworten und der Plage falscher Versprechungen überdrüssig geworden. Unsere Herzen und Gedanken sehnen sich nach der Vision eines Lebens, wo Liebe andauert, wo Gaben geteilt werden, wo Einheit gebildet wird, wo Freiheit ihren eigentlichen Sinn in der Wahrheit findet und wo die Identität in einem respektvollen Miteinander gefunden wird. Das ist das Werk des Heiligen Geistes! Das ist die Hoffnung, die das Evangelium Jesu Christi bereithält.

Vor Jugendlichen in Sydney, 17. 7. 2008

(Es ist) Zeit zu sehen, dass die Ethik nicht außerhalb, sondern innerhalb der Rationalität und des wirtschaftlichen Pragmatismus steht. Andererseits müssen wir auch eingestehen, dass der katholische, der christliche Glaube oft zu individualistisch war, die konkreten wirtschaftlichen Dinge der Welt überließ und nur an das individuelle Heil dachte, an die religiösen Handlungen, ohne zu sehen, dass diese eine globale Verantwortung, eine Verantwortung für die Welt mit sich bringen. Daher müssen wir auch hier in einen konkreten Dialog eintreten … Der Mensch ist eins, und es geht um den Menschen, um eine gesunde Anthropologie, die alles einschließt, und nur so lässt sich das Problem lösen, nur so entfaltet und erfüllt Europa seine Sendung.

Auf dem Weg nach Portugal, 11. 5. 2010

Oft fragt man sich wirklich, wie es kommt, dass Christen, die persönlich gläubige Menschen sind, nicht die Kraft haben, ihren Glauben politisch stärker zur Wirkung zu bringen. Wir müssen vor allen Dingen versuchen, dass die Menschen Gott nicht aus den Augen verlieren. Dass sie den Schatz erkennen, den sie haben. Und dass sie dann selber, aus der Kraft des eigenen Glaubens heraus, in die Auseinandersetzung mit dem Säkularismus treten und die Scheidung der Geister zu vollziehen vermögen. Dieser gewaltige Prozess ist der eigentliche, große Auftrag dieser Stunde. Wir können nur hoffen, dass die innere Kraft des Glaubens, die in den Menschen da ist, dann auch öffentlich mächtig wird, indem sie auch öffentlich das Denken prägt, und die Gesellschaft nicht einfach ins Bodenlose fällt.

»Licht der Welt«, S. 77

Die Nächstenliebe, die zuallererst Sorge um die Gerechtigkeit ist, ist der Prüfstein des Glaubens und der Gottesliebe … (Mit der Herrschaft Gottes) ist nicht irgendein Reich gemeint, das irgendwann einmal kommt, sondern damit ist gemeint, dass Gott jetzt bestimmend werden muss für unser Leben und Handeln. Darum bitten wir, wenn wir sagen: Dein Reich komme; wir beten nicht um irgendetwas Entferntes, das wir selber eigentlich gar nicht zu erleben wünschen. Wir beten vielmehr darum … dass Recht und Liebe entscheidend werden in der Ordnung der Welt. Eine solche Bitte richtet sich natürlich zuerst an Gott, aber sie rüttelt auch an unser eigenes Herz … Wenn alle von Gott her denken und leben, dann werden wir gleich, und dann werden wir frei, und dann entsteht die wahre Geschwisterlichkeit.

Predigt in München, 10. 9. 2006

Wenn wir mit Jesus Christus und mit seiner Kirche den Dekalog (die Zehn Gebote, Anm. d. Hg.) vom Sinai immer neu lesen und in seine Tiefe eindringen, dann zeigt sich eine große, gültige, bleibende Weisung. Der Dekalog ist zunächst ein Ja zu Gott, zu einem Gott, der uns liebt und uns führt, der uns trägt und uns doch unsere Freiheit lässt, ja, sie erst zur Freiheit macht (die ersten drei Gebote). Er ist ein Ja zur Familie (4. Gebot), ein Ja zum Leben (5. Gebot), ein Ja zu verantwortungs-bewusster Liebe (6. Gebot), ein Ja zur Solidarität, sozialen Verantwortung und Gerechtigkeit (7. Gebot), ein Ja zur Wahrheit (8. Gebot) und ein Ja zur Achtung anderer Menschen und dessen, was ihnen gehört (9. und 10. Gebot). Aus der Kraft unserer Freundschaft mit dem lebendigen Gott heraus leben wir dieses vielfältige Ja und tragen es zugleich als Wegweisung in diese unsere Weltstunde hinein.

Predigt in Mariazell, Österreich, 8. 9. 2007

Dies ist eine grundlegende Botschaft des Christentums, die in der Theologie des Kreuzes wurzelt: In Schmerz und Leid ist die Liebe Christi gegenwärtig, und Schmerz und Leid fordern uns heraus, uns mit seinem Leiden zu vereinen. Wir dürfen die Leidenden nicht nur mit Worten lieben, sondern mit unserem ganzen Tun und Engagement. Mir scheint, dass wir nur so wirkliche Christen sind. In meiner Enzyklika »Spe salvi« habe ich geschrieben, dass die Fähigkeit, das Leid und die Leidenden anzunehmen, Maßstab der Menschlichkeit ist, die wir in uns tragen. Wo diese Fähigkeit fehlt, wird der Mensch verkürzt und eingeschränkt. Lasst uns daher den Herrn bitten, er möge uns in unserem Leid helfen und uns dazu führen, allen Leidenden dieser Welt nahe zu sein.

Begegnung mit Priestern aus Südtirol, 6. 8. 2008

(Nächstenliebe) besteht ja darin, dass ich auch den Mitmenschen, den ich zunächst gar nicht mag oder nicht einmal kenne, von Gott her liebe. Das ist nur möglich aus der inneren Begegnung mit Gott heraus, die Willensgemeinschaft geworden ist und bis ins Gefühl hineinreicht. Dann lerne ich, diesen anderen nicht mehr bloß mit meinen Augen und Gefühlen anzusehen, sondern aus der Perspektive Jesu Christi heraus. Sein Freund ist mein Freund. Ich sehe durch das Äußere hindurch sein inneres Warten auf einen Gestus der Liebe – auf Zuwendung, die ich nicht nur über die dafür zuständigen Organisationen umleite und vielleicht als politische Notwendigkeit bejahe. Ich sehe mit Christus und kann dem anderen mehr geben als die äußerlich notwendigen Dinge: den Blick der Liebe, den er braucht.

Enzyklika »Deus caritas est«, Nr. 18

Schöpfung
Gabe und Aufgabe

Wir können in der Tat sagen, dass der Mensch in dem Maß in der Lage ist, die Geschöpfe zu achten, wie er in seinem Geist ein Bewusstsein von dem vollen Sinn des Lebens hat. Andernfalls wird er dazu neigen, sich selbst und seine Umgebung gering zu schätzen und keinen Respekt für die Umwelt, in der er lebt, und für die Schöpfung zu haben. Wer im Kosmos den Abglanz des unsichtbaren Antlitzes des Schöpfers zu erkennen vermag, ist geneigt, mehr Liebe für die Geschöpfe zu empfinden … Denn es ist ein gegenseitiger Einfluss erkennbar zwischen dem Antlitz des Menschen und dem »Antlitz« der Umwelt.

Predigt am 43. Weltfriedenstag, 1. 1. 2010

Das Universum ist kein Zufallsprodukt, wie einige uns glauben machen wollen. Wenn wir es betrachten, sind wir eingeladen, etwas Tiefes darin zu entdecken: die Weisheit des Schöpfers, die unerschöpfliche Phantasie Gottes, seine unendliche Liebe zu uns ... In der Schönheit der Welt, in ihrem Geheimnis, in ihrer Größe und in ihrer Rationalität müssen wir die ewige Rationalität erkennen, und wir müssen uns von ihr führen lassen bis hin zu dem einen Gott, dem Schöpfer des Himmels und der Erde. Wenn wir diesen Blickwinkel einnehmen, dann sehen wir, dass derjenige, der die Welt erschaffen hat, und derjenige, der in einer Grotte in Bethlehem geboren ist und der in der Eucharistie auch weiterhin unter uns lebt, derselbe lebendige Gott ist, der Fragen an uns richtet, uns liebt, uns zum ewigen Leben führen will.

Predigt zu Epiphanie, 6. 1. 2011

Alles wird vom Wort geschaffen, und alles ist dazu gerufen, dem Wort zu dienen. Das bedeutet, dass letztendlich die gesamte Schöpfung dazu bestimmt ist, den Ort der Begegnung zwischen Gott und seinem Geschöpf zu schaffen, einen Ort, wo die Liebe des Geschöpfes auf die göttliche Liebe antwortet, einen Ort, an dem sich die Liebesgeschichte zwischen Gott und seinem Geschöpf entwickelt. »Omnia serviunt tibi.« Die Heilsgeschichte ist keine unbedeutende Begebenheit auf einem kleinen Planeten in der Unendlichkeit des Universums. Sie ist nicht irgendetwas Nichtiges, das zufällig auf einem abgelegenen Planeten geschieht. Sie ist der Beweggrund von allem, der Urgrund der Schöpfung. Alles wurde geschaffen, damit es diese Geschichte gebe, die Begegnung zwischen Gott und seinem Geschöpf.

Auf der Bibelsynode, 6. 10. 2008

Jesus versichert uns, dass nur Gott »der Gute« ist. Offen zu sein gegenüber dem Guten bedeutet, Gott anzunehmen. So lädt er uns ein, Gott in allen Dingen und in allen Ereignissen zu sehen, auch dort, wo die Mehrheit nur die Abwesenheit Gottes sieht. Wenn man die Schönheit der Geschöpfe sieht und das Gute, das in ihnen allen vorhanden ist, dann ist es unmöglich, nicht an Gott zu glauben und seine heilbringende und tröstende Gegenwart nicht zu erfahren. Wenn wir all das Gute sehen könnten, das es in der Welt gibt, und darüber hinaus das Gute erfahren könnten, das von Gott selbst kommt, dann würden wir niemals aufhören, uns ihm zu nähern, ihn zu loben und ihm zu danken. Er erfüllt uns ohne Unterlass mit Freude und mit Gutem. Seine Freude ist unsere Kraft.

An Jugendliche in São Paulo, 10. 5. 2007

Seit der Aufklärung arbeitet wenigstens ein Teil der Wissenschaft emsig daran, eine Welterklärung zu finden, in der Gott überflüssig wird … Die Sache mit dem Menschen geht nicht auf ohne Gott, und die Sache mit der Welt, dem ganzen Universum, geht nicht auf ohne ihn. Letztlich kommt es auf die Alternative hinaus: Was steht am Anfang: die schöpferische Vernunft, der Schöpfergeist, der alles wirkt und sich entfalten lässt, oder das Unvernünftige, das vernunftlos sonderbarerweise einen mathematisch geordneten Kosmos hervorbringt und auch den Menschen, seine Vernunft? Aber die wäre dann nur ein Zufall der Evolution und im Letzten also doch auch etwas Unvernünftiges. Wir Christen sagen: Ich glaube an Gott, den Schöpfer des Himmels und der Erde – an den Schöpfer Geist. Wir glauben, dass das ewige Wort, die Vernunft am Anfang steht und nicht die Unvernunft.

Predigt in Regensburg, 12. 9. 2006

Die Erde ist die kostbare Gabe des Schöpfers, der die ihr innewohnenden Ordnungen erdacht und uns damit Wegweisungen gegeben hat, an die wir uns als Treuhänder seiner Schöpfung halten müssen. Aus ebendiesem Bewusstsein heraus stehen für die Kirche die Fragen, die mit der Umwelt und ihrem Schutz zusammenhängen, in engem Zusammenhang mit dem Thema der ganzheitlichen menschlichen Entwicklung … Ist es vielleicht nicht wahr, dass die achtlose Nutzung der Schöpfung dort beginnt, wo Gott ausgegrenzt oder seine Existenz sogar geleugnet wird? Wenn die Beziehung des menschlichen Geschöpfes zum Schöpfer schwindet, dann wird die Materie zum egoistischen Besitz herabgewürdigt, wird der Mensch ihre »letzte Instanz«, und der Zweck des Lebens ist dann nur noch ein hastiges Streben nach möglichst viel Besitz.

Angelus, 26. 8. 2009

Schöpfung – Gabe und Aufgabe

Der Herr haucht die Jünger an und verleiht ihnen so den Heiligen Geist, seinen Geist. Der Atem Jesu ist der Heilige Geist. Wir erkennen hier ... eine Anspielung auf den Bericht von der Erschaffung des Menschen in der Genesis, wo es heißt: »Da formte Gott, der Herr, den Menschen aus Erde vom Ackerboden und blies in seine Nase den Lebensatem« (Gen 2,7). Der Mensch ist dieses geheimnisvolle Geschöpf, das ganz von der Erde stammt, dem aber der Atem Gottes eingehaucht wurde. Jesus haucht die Apostel an und beschenkt sie aufs Neue, aber noch großartiger, mit Gottes Atem. In den Menschen ist jetzt trotz all ihrer Grenzen etwas absolut Neues – der Atem Gottes. Das Leben Gottes lebt in uns. Der Atem seiner Liebe, seiner Wahrheit und seiner Güte.

Bei einer Priesterweihe im Petersdom, 15. 5. 2005

Das Gefunkel des Mittelmeeres, die Erhabenheit der nordafrikanischen Wüste, das üppige Grün der Wälder Asiens, die Weite des Pazifischen Ozeans … Es ist, als bekomme man einen Einblick in die Schöpfungsgeschichte der Genesis – Licht und Finsternis, Sonne und Mond, Wasser, Luft und Lebewesen: All das ist »gut« in Gottes Augen (vgl. Gen 1,1–2,4) … Und da gibt es noch mehr, vom Himmel aus kaum wahrnehmbar: Männer und Frauen, nach nichts Geringerem als Gottes eigenem Ebenbild geschaffen. Im Herzen des Wunders der Schöpfung sind wir, ihr und ich, die Menschheitsfamilie »mit Herrlichkeit und Ehre gekrönt« (Ps 8,6). Wie erstaunlich! Mit dem Psalmisten flüstern wir: »Was ist der Mensch, dass du an ihn denkst« (Ps 8,5). Und gleichsam hineingezogen ins Schweigen, in eine Haltung des Dankens, in die Macht der Heiligkeit, werden wir nachdenklich.

An Jugendliche in Sydney, 17. 7. 2008

Das Bedrängtwerden durch die Probleme der Schöpfung ist eine solche Gelegenheit, wo unser Glaube öffentlich reden und sich als Instanz, die weiterführt, zur Geltung bringen kann. Denn es geht ja nicht nur darum, dass wir Techniken der Schadenvermeidung finden, so wichtig es auch ist, dass wir alternative Energien finden und vieles mehr. Doch alles das wird nicht ausreichen, wenn wir nicht selbst einen neuen Lebensstil finden, eine Disziplin auch der Verzichte, eine Disziplin der Anerkennung der anderen, denen die Schöpfung genauso gehört wie uns, die wir leichter über sie verfügen können; eine Disziplin der Verantwortung vor der Zukunft der anderen und unserer eigenen Zukunft, weil es Verantwortung vor dem ist, der unser Richter ist und als Richter unser Retter, aber eben wirklich auch unser Richter.

Vor Priestern aus Südtirol, 6. 8. 2008

Jetzt, in diesem historischen Augenblick, beginnen wir zu erkennen, dass wir Gott brauchen. Wir können so viele Dinge tun. Aber wir können nicht unser Klima schaffen. Wir dachten, dass wir es tun könnten, aber wir können es nicht. Wir brauchen das Geschenk der Erde, das Geschenk des Wassers, wir brauchen den Schöpfer; der Schöpfer erscheint erneut in seiner Schöpfung. Und so begreifen wir, dass wir nicht wirklich glücklich sein können, dass wir nicht wirklich die Gerechtigkeit für die ganze Welt fördern können ohne ein Kriterium, das in unserem Denken Berücksichtigung findet, ohne einen Gott, der gerecht ist und uns das Licht und das Leben schenkt.

Auf dem Flug nach Australien, 12. 7. 2008

Ökumene

Geschwister im Glauben

Der Weg zur sichtbaren Einheit aller Christen liegt im Gebet, weil im Grunde nicht wir die Einheit »bauen«, sondern Gott sie »baut«: Sie kommt von ihm, vom dreifaltigen Geheimnis, aus der Einheit des Vaters mit dem Sohn im Dialog der Liebe, dem Heiligen Geist, und unser ökumenisches Bemühen muss sich dem göttlichen Wirken gegenüber öffnen, es muss zur täglichen Bitte um Gottes Hilfe werden. Es ist seine Kirche und nicht unsere.

Generalaudienz, 19. 1. 2011

Gott ist die Liebe. Auf diesem festen Fels ruht der ganze Glaube der Kirche. Insbesondere gründet auf ihm die geduldige Suche nach der vollen Einheit aller Jünger Christi: Wenn wir den Blick fest auf diese Wahrheit richten, die der Gipfelpunkt der göttlichen Offenbarung ist, dann erscheinen die Spaltungen, auch wenn sie nichts von ihrem schmerzhaften Ernst verlieren, überwindbar und entmutigen uns nicht … Wenn die Liebe sich bereits vom menschlichen Standpunkt aus als unbesiegbare Kraft zeigt, was sollen dann wir sagen, die wir »die Liebe, die Gott zu uns hat, erkannt und gläubig angenommen« (1 Joh 4,16) haben? Die wahre Liebe löscht legitime Unterschiede nicht aus, sondern bringt sie miteinander in Einklang in einer höheren Einheit, die nicht *von außen* auferlegt wird, sondern *von innen* heraus dem Ganzen sozusagen Form verleiht.

Predigt am 25. 1. 2006

In der Apostelgeschichte lesen wir, dass die ersten Christen alles gemeinsam hatten und Hab und Gut verkauften, um davon den Bedürftigen zu geben (vgl. Apg 2,44–45). Dieses Miteinander-Teilen des eigenen Besitzes hat in der Kirchengeschichte immer neue Ausdrucksformen gefunden. Eine besondere von ihnen sind die Beziehungen der Brüderlichkeit und der Freundschaft, die zwischen Christen verschiedener Konfessionen aufgebaut werden. Die Geschichte der ökumenischen Bewegung ist von Schwierigkeiten und Ungewissheiten geprägt, aber sie ist auch eine Geschichte der Brüderlichkeit, der Zusammenarbeit und des menschlichen und geistlichen Teilens, das in großem Ausmaß die Beziehungen zwischen denen, die an Jesus, den Herrn, glauben, verändert hat: Wir alle sind verpflichtet, diesen Weg weiterzugehen.

Generalaudienz, 19. 1. 2011

Jedes Element der Struktur der Kirche ist wichtig, doch alle würden ins Wanken geraten und einstürzen ohne den Eckstein, der Christus ist. Als »Mitbürger« und »Hausgenossen Gottes« müssen die Christen zusammenarbeiten, um sicherzustellen, dass der Bau fest steht, so dass andere angezogen werden, einzutreten und die reichen Schätze der Gnade in seinem Inneren zu entdecken. Wenn wir christliche Werte fördern, dürfen wir es nicht unterlassen, ihre Quelle zu verkünden, indem wir ein gemeinsames Zeugnis von Jesus Christus, dem Herrn, geben. Er ist es, der die Apostel beauftragte, er ist es, den die Propheten verkündigten, und er ist es, den wir der Welt anbieten.

Beim ökumenischen Treffen in Sydney, 18. 7. 2008

Deutschland kommt ganz ohne Zweifel im ökumenischen Dialog eine besondere Bedeutung zu. Wir sind das Ursprungsland der Reformation; Deutschland ist aber auch eines der Länder, von denen die ökumenische Bewegung des 20. Jahrhunderts ausging. Infolge der Wanderungsbewegungen des vergangenen Jahrhunderts haben auch orthodoxe und altorientalische Christen in diesem Land eine neue Heimat gefunden … Und ich finde, es ist gar nicht so selbstverständlich, dass wir uns wirklich als Geschwister sehen, dass wir sozusagen einander mögen, in dem Wissen, dass wir gemeinsam Zeugen Jesu Christi sind. Diese Geschwisterlichkeit ist, wie ich glaube, in sich ein ganz wichtiges Ergebnis des Dialogs, dessen wir froh sein und den wir immer weiter pflegen und praktizieren sollten.

Beim ökumenischen Treffen in Köln, 19. 8. 2005

Der ökumenische Dialog kann heute von der Wirklichkeit und dem Leben aus dem Glauben in unseren Kirchen nicht mehr abgetrennt werden, ohne ihnen selbst Schaden zuzufügen. So richten wir unseren Blick gemeinsam auf das Jahr 2017, das uns an die Veröffentlichung der Thesen Martin Luthers zum Ablass vor 500 Jahren erinnert ... Dabei müssen das gemeinsame Gebet und das innige Bitten an unseren Herrn Jesus Christus um Vergebung für das einander angetane Unrecht und für die Schuld an den Spaltungen einen wichtigen Platz einnehmen. Zu dieser Reinigung des Gewissens gehört auch der gegenseitige Austausch darüber, wie wir die 1500 Jahre bewerten, die der Reformation vorausgegangen und deshalb uns gemeinsam sind.

An die Delegation der Vereinigten Ev.-Luth. Kirche Deutschlands, 24. 1. 2011

Zum Christsein gehört das Wir-Sein in der Gemeinschaft seiner Jünger. Und da steht die Frage der Ökumene in uns auf: die Trauer darüber, dass wir dieses Wir zerrissen haben, dass wir doch den einen Weg in mehrere Wege zerteilen … Wir hören heute viele Klagen, die Ökumene sei zum Stillstand gekommen, Vorwürfe gegenseitig; ich denke aber, zu allererst sollten wir doch dankbar werden, dass es so viel Einheit gibt. Es ist doch schön, dass wir … miteinander beten, miteinander die gleichen Lieder singen, miteinander das gleiche Wort Gottes anhören, es miteinander auszulegen und zu verstehen suchen dürfen, dass wir auf den einen Christus hinschauen, den wir sehen und dem wir gehören wollen, und dass wir so doch Zeugnis davon geben, dass er der Eine ist, der uns alle gerufen hat und dem wir im Tiefsten alle zugehören.

In der Ev.-Luth. Gemeinde Roms, 14. 3. 2010

Die Einheit, die wir suchen, ist weder Einverleibung noch Verschmelzung, sondern Achtung der vielfältigen Fülle der Kirche ... Die Konzilslehre hat die Liebe und die Achtung vor der orientalischen Tradition inspiriert und dazu ermutigt, den Orient und das Abendland als Bausteine zu betrachten, aus denen das glänzende Antlitz des »Pantokrators« zusammengesetzt ist, dessen Hand die ganze »Oikoumene« segnet. Das Konzil ist noch weiter gegangen, als es bekräftigt hat: »Daher darf es nicht wundernehmen, dass von der einen und von der anderen Seite bestimmte Aspekte des offenbarten Mysteriums manchmal besser verstanden und deutlicher ins Licht gestellt wurden, und zwar so, dass man bei jenen verschiedenartigen theologischen Formeln oft mehr von einer gegenseitigen Ergänzung als von einer Gegensätzlichkeit sprechen muss« (Unitatis redintegratio, 17).

An eine Delegation des Patriarchats von Konstantinopel, 30. 6. 2005

Der Säkularisierungsprozess hat den Halt jener Tradition geschwächt; ja, sie wird in Frage gestellt und sogar verworfen. Angesichts dieser Wirklichkeit sind wir zusammen mit allen anderen christlichen Gemeinschaften dazu gerufen, das Bewusstsein Europas hinsichtlich seiner christlichen Wurzeln, Traditionen und Werte zu erneuern, indem wir ihnen wieder neue Lebenskraft verleihen … Die bestehenden Spaltungen zwischen den Christen sind ein Ärgernis für die Welt und ein Hindernis für die Verkündigung des Evangeliums … Nur durch die brüderliche Gemeinschaft unter den Christen und durch die gegenseitige Liebe wird die Botschaft von der Liebe Gottes für jeden Mann und jede Frau glaubwürdig werden. Jeder, der heute einen realistischen Blick auf die christliche Welt wirft, wird die Dringlichkeit dieses Zeugnisses entdecken.

Ansprache im Patriarchat von Konstantinopel, 30. 11. 2006

Wer Gott ist, wissen wir durch Jesus Christus: den einzigen, der Gott ist. In die Berührung mit Gott kommen wir durch ihn. In der Zeit der multireligiösen Begegnungen sind wir leicht versucht, dieses zentrale Bekenntnis etwas abzuschwächen oder gar zu verstecken. Aber damit dienen wir der Begegnung nicht und nicht dem Dialog. Damit machen wir Gott nur unzugänglicher, für die anderen und für uns selbst. Es ist wichtig, dass wir unser Gottesbild ganz und nicht nur fragmentiert zur Sprache bringen. Damit wir es können, muss unsere eigene Gemeinschaft mit Christus, unsere Liebe zu ihm wachsen und tiefer werden. In diesem gemeinsamen Bekenntnis und in dieser gemeinsamen Aufgabe gibt es keine Trennung zwischen uns. Dass dieser gemeinsame Grund immer stärker werde, darum wollen wir beten.

Ökumenische Vesper in Regensburg, 12. 9. 2006

Weltreligionen
Gemeinsam vor dem Geheimnis

Wer glaubt, sucht nach der Wahrheit und lebt aus ihr. Zwar ist das Mittel, durch das wir die Entdeckung und Weitergabe der Wahrheit verstehen, teilweise von Religion zu Religion verschieden, wir sollten uns aber nicht von unseren Bemühungen abhalten lassen, die Macht der Wahrheit zu bezeugen. Gemeinsam können wir verkünden, dass Gott existiert und dass man ihn erkennen kann, dass die Erde seine Schöpfung ist, dass wir seine Geschöpfe sind und dass er jeden Menschen aufruft, so zu leben, dass er seinen Plan für die Welt achtet.

Interreligiöse Begegnung in Jerusalem, 11. 5. 2009

Dass wir sagen, Christus ist der Sohn Gottes und in Ihm drückt sich die volle Gegenwart der Wahrheit über Gott aus, das ist die eine Sache. Dass Wahrheiten vielfältiger Art auch in anderen Religionen gegenwärtig sind, dass diese gleichsam Bruchstücke, Lichter aus dem großen Licht haben, dass sie in gewisser Hinsicht auch eine innere Bewegung auf Ihn hin darstellen, das ist die andere Sache. Zu sagen, dass in Christus Gott gegenwärtig ist und uns damit der wahre Gott selbst erscheint und zu uns spricht, schließt nicht aus, dass bei den anderen Religionen auch Wahrheiten sind – aber eben Wahrheiten, die sozusagen auf die Wahrheit verweisen. In dem Sinn ist der Dialog, in dem dieser Verweis sichtbar werden soll, eine innere Folgerung der Situation der Menschheit.

»Licht der Welt«, S. 182

Auch heute reicht es nicht aus, irgendwie so zu sein und zu denken wie alle anderen. Unser Leben ist weiter angelegt. Wir brauchen Gott, den Gott, der uns sein Gesicht gezeigt und sein Herz geöffnet hat: Jesus Christus. Johannes sagt von ihm zu Recht, dass er der Einzige ist, der Gott ist und am Herzen des Vaters ruht (vgl. Joh 1,18); so konnte auch nur er aus dem Innern Gottes selbst uns Kunde bringen von Gott – Kunde auch, wer wir selber sind, woher wir kommen und wohin wir gehen … Wenn wir Christen ihn daher den einzigen für alle gültigen Heilsmittler nennen, der alle angeht und dessen alle letztlich bedürfen, so ist dies keine Verachtung der anderen Religionen und keine hochmütige Absolutsetzung unseres eigenen Denkens, sondern es ist das Ergriffensein von dem, der uns angerührt und uns beschenkt hat, damit wir auch andere beschenken können.

Predigt in Mariazell, Österreich, 8. 9. 2007

Die Lehren der Religionsgemeinschaften behandeln letztlich die Wirklichkeit Gottes, den Sinn des Lebens und das gemeinsame Ziel der Menschheit, also all das, was uns am heiligsten und am kostbarsten ist … Die seinen Namen bekennen, haben den Auftrag, unermüdlich nach Rechtschaffenheit zu streben und zugleich seine Vergebungsbereitschaft nachzuahmen, denn beides ist wesentlich auf das friedliche und harmonische Zusammenleben der Menschheitsfamilie ausgerichtet … Man könnte mit anderen Worten sagen, dass die Treue zu dem einen Gott, dem Schöpfer, dem Allerhöchsten, dazu führt, anzuerkennen, dass alle Menschen grundlegend miteinander verbunden sind, da alle ihr Dasein einer einzigen Quelle verdanken und auf ein gemeinsames Ziel hingeordnet sind. Ihnen allen ist das unauslöschliche Abbild des Göttlichen eingeprägt …

An den Großmufti in Jerusalem, 12. 5. 2009

Die Völker Afrikas und Asiens bewundern zwar die technischen Leistungen des Westens und unsere Wissenschaft, aber sie erschrecken vor einer Art von Vernünftigkeit, die Gott total aus dem Blickfeld des Menschen ausgrenzt und dies für die höchste Art von Vernunft ansieht, die man auch ihren Kulturen beibringen will. Nicht im christlichen Glauben sehen sie die eigentliche Bedrohung ihrer Identität, sondern in der Verachtung Gottes und in dem Zynismus, der die Verspottung des Heiligen als Freiheitsrecht ansieht und Nutzen für zukünftige Erfolge der Forschung zum letzten Maßstab erhebt … Die Toleranz, die wir dringend brauchen, schließt die Ehrfurcht vor Gott ein – die Ehrfurcht vor dem, was dem anderen heilig ist. Diese Ehrfurcht vor dem Heiligen der anderen setzt aber wiederum voraus, dass wir selbst die Ehrfurcht vor Gott wieder lernen.

Predigt in München, 10. 9. 2006

Im Unterschied zu den anderen nichtchristlichen Religionen ist der jüdische Glaube schon Antwort auf die Offenbarung Gottes im Alten Bund … Aus unserem gemeinsamen Erbe von Gesetz und Propheten ergeben sich zahlreiche Implikationen. Ich will einige nennen: vor allem die Solidarität, die die Kirche und das jüdische Volk in ihrer eigenen geistlichen Identität aneinanderbindet und den Christen Gelegenheit bietet, einen neuen Respekt für die jüdische Auslegung des Alten Testaments zu fördern; die zentrale Bedeutung des Dekalogs als gemeinsame ethische Botschaft von ewiger Gültigkeit für Israel, die Kirche, die Nichtglaubenden und die ganze Menschheit; der Einsatz, um das Reich des Höchsten vorzubereiten bzw. zu verwirklichen in der Sorge für die Schöpfung, die Gott dem Menschen anvertraut hat, damit er sie verantwortungsvoll bebaue und hüte (vgl. Gen 2,15).

In Roms Synagoge, 17. 1. 2010

Der Dekalog (vgl. Ex 20; Dtn 5) ist für uns gemeinsames Erbe und gemeinsame Verpflichtung. Die »Zehn Gebote« sind nicht Last, sondern Wegweiser zu einem geglückten Leben. Sie sind es besonders für die jungen Menschen … Ich wünsche mir, dass sie den Dekalog, diese unsere gemeinsame Grundlage, als die Leuchte für ihre Schritte und als Licht für ihre Pfade erkennen, wie es der Psalm 119 sagt (vgl. Ps 119,105). Die Erwachsenen tragen die Verantwortung, den jungen Menschen die Fackel der Hoffnung weiterzureichen, die Juden wie Christen von Gott geschenkt worden ist, damit die Mächte des Bösen »nie wieder« die Herrschaft erlangen und die künftigen Generationen mit Gottes Hilfe eine gerechtere und friedvollere Welt errichten können, in der alle Menschen das gleiche Bürgerrecht besitzen.

In der Kölner Synagoge, 19. 8. 2005

(Als) ob die Bekämpfung des Feindes und die Tötung des Gegners etwas sein könnte, das Gott gefällt! Die Erinnerung an diese traurigen Ereignisse müsste uns mit Scham erfüllen, denn wir wissen sehr wohl, was für Grausamkeiten im Namen der Religionen begangen worden sind. Die Lektionen der Vergangenheit müssen uns davor bewahren, die gleichen Fehler zu wiederholen. Wir wollen Wege der Versöhnung suchen und lernen, so zu leben, dass jeder die Identität des anderen respektiert. Die Verteidigung der Religionsfreiheit ist in diesem Sinne ein ständiger Imperativ, und die Achtung der Minderheiten ein unanfechtbares Zeichen wahrer Zivilisation … Der interreligiöse und interkulturelle Dialog zwischen Christen und Muslimen darf nicht auf eine Saisonentscheidung reduziert werden. Tatsächlich ist er eine vitale Notwendigkeit, von der zum großen Teil unsere Zukunft abhängt.

An Vertreter muslimischer Gemeinden in Köln, 20. 8. 2005

Vor allem können wir eine glaub-
würdige Antwort bieten auf die Frage, die
deutlich aus der modernen Gesellschaft
hervorgeht, auch wenn man sie oft verdrängt. Es geht um die Frage nach dem
Sinn und Ziel des Lebens für jedes Indivi-
duum und für die Menschheit als ganze.
Wir sind zur Zusammenarbeit aufgerufen,
um so der Gesellschaft zu helfen, sich dem
Transzendenten zu öffnen und Gott, dem
Allmächtigen, den ihm zustehenden Platz
einzuräumen. Der beste Weg, um vorwärts
zu kommen, führt über einen authentischen
Dialog zwischen Christen und Muslimen,
der in der Wahrheit gründet und von der
aufrichtigen Sehnsucht inspiriert ist, einander besser kennenzulernen im Respekt der
Unterschiede und in Anerkennung dessen,
was uns gemeinsam ist.

Beim Verantwortlichen für religiöse Angelegenheiten in
Ankara, 28. 11. 2006

Trotz der unterschiedlichen Ursprünge haben wir (Christen, Juden und Muslime, Anm. d. Hg.) gemeinsame Wurzeln, weil … das Christentum aus dem Alten Testament hervorgeht, und die Schriften des Neuen Testaments gäbe es nicht ohne das Alte Testament, denn sie beziehen sich ständig auf »die Schrift«, das heißt das Alte Testament. Aber auch der Islam entstand in einem Umfeld, in dem sowohl das Judentum als auch die unterschiedlichen Zweige des Christentums … präsent waren. All diese Umstände spiegeln sich in der Überlieferung des Korans wider, so dass wir von den Ursprüngen her und auch im Glauben an den einen Gott sehr viel gemeinsam haben … Der trilaterale Dialog muss also weitergehen, und er ist äußerst wichtig für den Frieden und auch damit, sagen wir es einmal so, jeder die eigene Religion gut zu leben versteht.

Auf dem Flug nach Jordanien, 8. 5. 2009

Weltreligionen – Gemeinsam vor dem Geheimnis